D1753665

KERBER PhotoART

Veit Mette
GENERATION ÜÇ

VORWORT

Veit Mettes Fotografien zeigen die Lebensräume von vorwiegend türkischen und kurdischen Jugendlichen. Die dritte Generation einstiger Migrantenfamilien – GENERATION ÜÇ. Eine Generation, vielfach ohne Zukunft, ohne Perspektive. ▪ Jugendliche, wie sie unterschiedlicher nicht sein können und doch einen gemeinsamen Hintergrund haben: Viele sind hier geboren und sprechen oft fließend Deutsch. Das Heimatland der Eltern und Großeltern kennen sie nur von Urlaubsaufenthalten oder aus den Medien. ▪ Diese Jugendlichen, die die Balance zwischen einer mehrheitlich muslimisch-patriarchalisch geprägten Familie und der auf scheinbare Selbstverwirklichung und Selbstbestimmung angelegten deutschen Gesellschaft bewältigen müssen. Die Auswirkungen dieser Gegensätze prägen den Alltag. Wer die Jugendlichen Ernst nimmt und ihnen die nötige Wertschätzung entgegenbringt, kann sie erreichen. ▪ Es geht um eine ganze Generation junger Menschen und ihren Platz in unserer Gesellschaft. Eltern, islamische Kulturvereine, Schule und Politik müssen sich den Problemen dieser Jugendlichen stellen. ▪ GENERATION ÜÇ ist eine Reise in die Welt dieser Jugendlichen. ▪ Das Projekt entstand in Zusammenarbeit zwischen dem Fotografen Veit Mette und der RAA* im Amt für Integration und interkultu-

Veit Mette' nin resimleri çoğunlukla türk ve kürt gençlerin dünyalarından kesitler göstermektedir. Bir zamanlar gelen göçmen ailelerin, çoğu kez herhangi bir geleceği ve perspektifi olmayan üçüncü nesilin- ÜÇÜNCÜ NESİL – [GENERATION ÜÇ] ▪ Aynı arka plana sahip olan ama yine de birbirinden oldukça farklı gençler: bir çoğu burada, yani Almanya' da doğdu ve çoğu akıcı derecede Almanca konuşmaktadır. Anneleri, babaları ve büyük anne ve babalarının vatanlarını sadece yıllık izinleri sırasında veya televizyon,radyo ve basından tanımaktadırlar. ▪ Bu gençler bir yandan çoğunluğu müslüman olan ve babaerkil geleneklere sahip aileleri ve diğer yandan görünürde kendi kararlarını kendileri verme ve kendi isteklerini gerçekleştirme olanağı tanıyan Alman toplumu arasında bir denge kurmak zorundadırlar. Bu çelişkilerin etkileri onların güncel hayatlarını belirlemektedir. Sadece bu gençleri ciddiye alan ve onlara hak ettikleri değeri verecek olanlar, onlara erişebilir. Sorun bir bütün genç nesil ile ve bu genç neslin toplumumuzdaki yeri ile alakalıdır. Aileler, islami kültür dernekleri, okullar ve politikacılar bu gençlerin sorunları ile ilgilenmek zorundadır. ▪ GENERATION ÜÇ [ÜÇÜNCÜ NESİL] işte bu gençlerin dünyalarına yapılan bir yolculuktur. ▪ Proje, RAA* ve Bielefeld Belediyesi Entegrasyon ve Kültürlerarası İşlerden Sorumlu

ÖNSÖZ

relle Angelegenheiten der Stadt Bielefeld. Fotografiert und interviewt wurden Jugendliche in ihren unterschiedlichen Lebensbereichen. Achim Borchers, freier Autor, hat die Soundcollage auf der DVD erstellt. Wir danken den Jugendlichen und beteiligten Familien, ohne die das Projekt nicht entstanden wäre. Weiterhin bedanken wir uns für die Förderung des Landes NRW im Rahmen des Sonderprogramms „Jugend und soziale Brennpunkte". Das Projekt wurde des Weiteren durch ein Stipendium der Verwertungsgesellschaft Bild-Kunst gefördert. Diese Zuwendungen haben das Multimediaprojekt erst möglich gemacht. Wir wünschen uns, dass GENERATION ÜÇ als Wanderausstellung des Netzwerks *Integration durch Bildung* der Regionalen Arbeitsstellen landesweit Beachtung und Verbreitung findet.

Hella Bubenzer
Amt für Integration und interkulturelle Angelegenheiten der Stadt Bielefeld – RAA-

* RAA = Regionale Arbeitsstelle zur Förderung von Kindern und Jugendlichen aus Zuwandererfamilien www.raa.de

Daire çalışanı Veit Mette' nin işbirliğiyle hayata geçirildi. Gençlerin resimleri çekilip onlarla hayatlarının çeşitli alanları hakkında röportajlar yapıldı. Serbest çalışan yazar Achim Borchers ise DVD' deki müzik kolajını [Soundcollage] hazırladı. Onlarsız mümkün olmayan projeye katılan gençlere ve ailelelerine bir daha teşekkür ediyoruz. Ayrıca NRW Eyaletine "Gençlik ve Sosyal Sorunlu Alanlar" özel proğramı çerçevesinde projemize sundukları teşviklerinden dolayı da teşekkür etmek istiyoruz. Proje ayrıca Verwertungsgesellschaft Bild-Kunst [Resim-Sanat Değerlendirme Cemiyeti] tarafından burs ile teşvik edildi. Bütün bu katkılar sonucu multimedya projesi gerçekleştirilebilmiştir. GENERATION ÜÇ ün [Regionale Arbeitsstellen] Mahalli Çalışma Merkezleri' nin Integration durch Bildung [Eğitim ile Entegrasyon] ağının bir gezgin sergisi olarak bütün ülkede rağbet görüp gösterilmesini diliyoruz.

Hella Bubenzer
Bielefeld Belediyesi Entegrasyon ve Kültürlerarası İşlerden Sorulu Daire – RAA-

⁺ RAA = [Göçmen Ailelerden Gelen Çocuk ve Gençleri Teşvik İçerikli Mahalli Çalışma Merkezi www.raa.de]

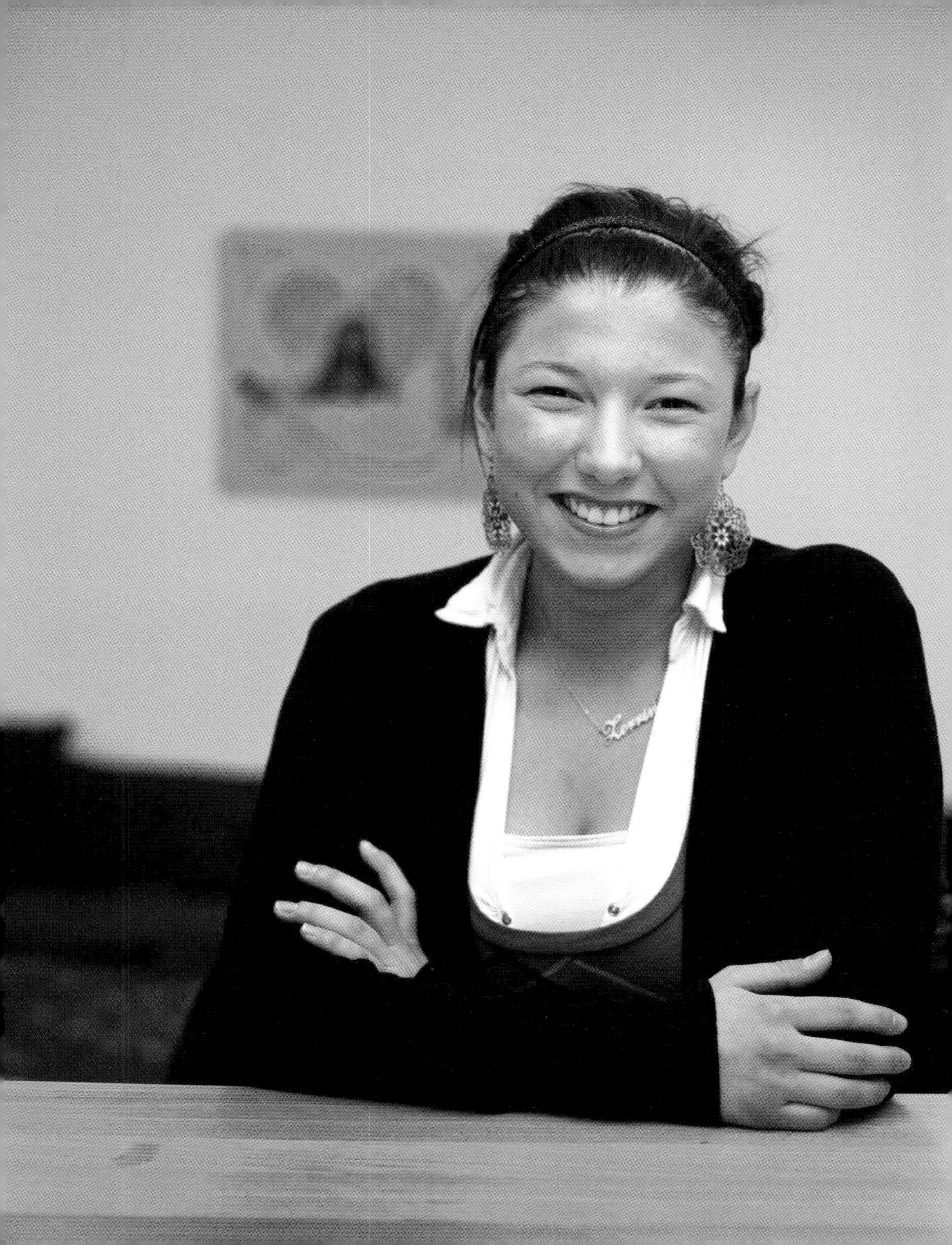

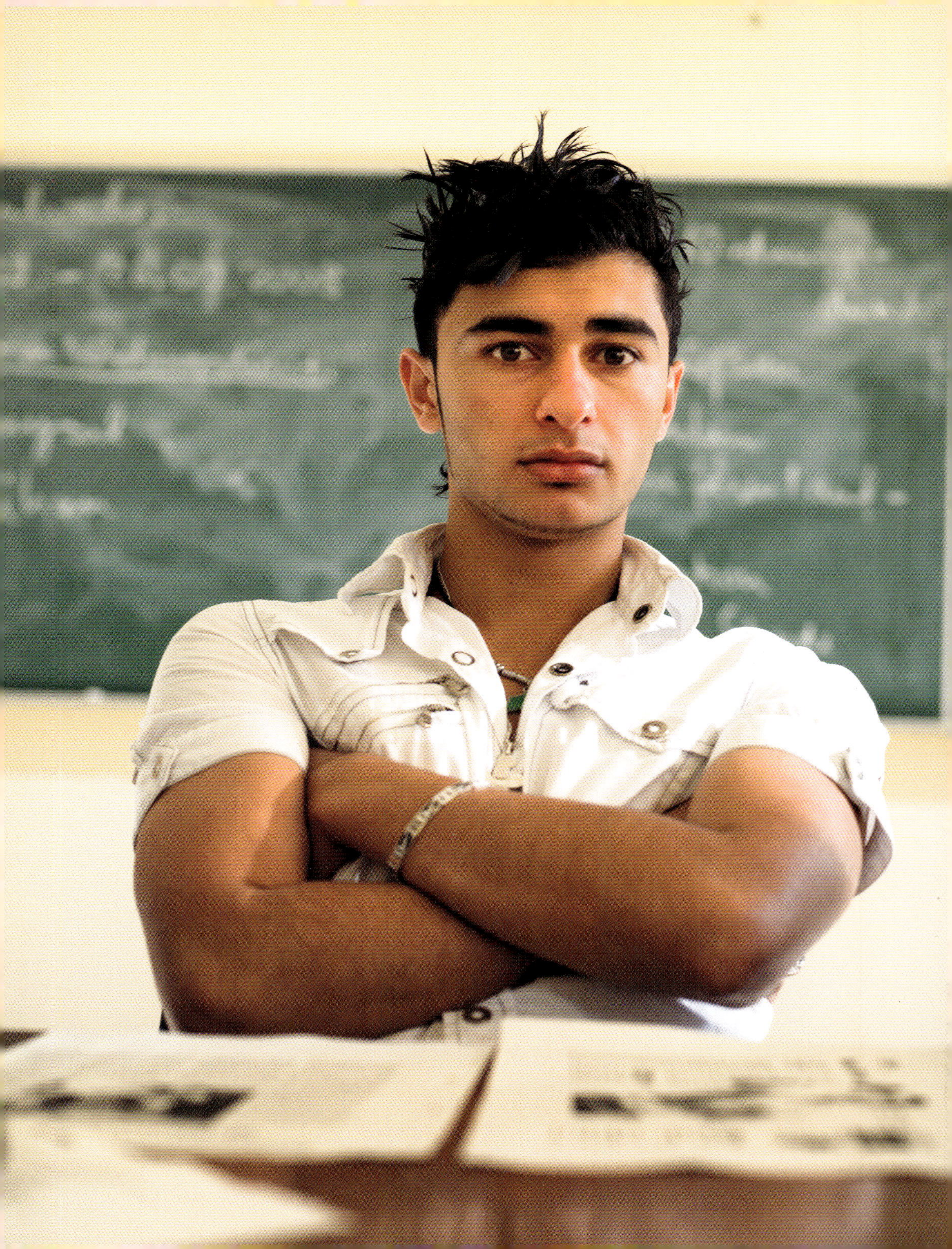

üç

Wenn ich die Statements der Jugendlichen höre, kristallisiert sich eine grundlegende Frage heraus: Wer bin ich und woher komme ich? Ich bin mir sicher, dass alle, die an diesem Projekt teilgenommen haben sich diese Frage nicht nur einmal im Leben gestellt haben. Jugendliche mit Migrationshintergrund haben besondere Hürden zu überwinden auf dem Weg zu sich selbst zu finden. Gefangen zwischen den Anforderungen oft tradierter Wertvorstellungen zu Hause und den Fremdzuschreibungen und Herausforderungen einer modernen Gesellschaft jenseits ihrer Herkunftskultur ist es für viele ein Leben in zwei Welten, ein Zustand der Zerreissprobe und das in dritter Generation. ▪ Es fällt ihnen nicht leicht sich nur um sich, um ihr Ankommen in Deutschland zu kümmern. Ständig tragen sie die Verantwortung für die Familie, die Herkunftskultur mit sich herum, ein Ballast, der ihnen die Teilhabe an der deutschen Gesellschaft erschwert. Wenn man sie danach fragt, hört man nicht selten: Ich bin stolz Türke zu sein, ich liebe meine Sprache, meine Heimat ist die Türkei. Immer verbunden mit einer unterschwelligen Angst, jemand könne ihnen all das streitig machen. Dass Deutschland IHR Land ist, haben die meisten leider immer noch nicht begriffen. Ein Land, in dem sie jede Sprache und Kultur pflegen können, ein Land,

Gençlerin söylemlerine kulak verirken temel bir sorunun ortaya çıktığını görüyorum: ▪ Ben kimim ve nereden geliyorum? Bu soruyu, bu projeye katılan herkesin kendisine hayatında en azından bir defa sorduğundan eminim! Göçmen kökenli gençler, kim olduklarını bulmaya çalışırlarken yollarında bir çok özel engeli aşmak zorundalar. Bir yandan ailelerinin kendilerinden olan geleneksel değer yargılarından kaynaklanan beklentileri, öte yandan modern bir toplumun kendilerinden geldikleri kültürden tamamen farklı beklentileri ve yanbancı bir toplumun kendilerinde görmek istedikleri arasında tutsak olan gençler, üçüncü nesilde bile kendileri için amansız bir çelişkili olan "aynı zamanda iki dünyada birden yaşamanın" üstesinden gelmek zorundalar. ▪ Onlar için sadece kendileri ile ve burada Almanya' da yaşama dahil olmak durumu ile ilgilenmeleri hiç te kolay değil. Onlar Alman tolumuna dahil olmalarını engelleyen ailelerinin ve geldikleri kültürün kendilerine yüklediği sorumlulukları sürekli taşımaktadırlar. ▪ Onlara sorulduğunda sıkça: Sanki birilerinin kendilerinden bu değerleri alacağı ve onları bundan yoksun bırakılacağı korkusu içinde, türk olduğum için gurur duyuyorum, dilimi seviyorum ve vatanım türkiyedir, gibi yanıtlar alırsınız. ▪ Almanya' nın kendilerinin de vatanı olduğunu onlardan bir

das ihnen das Recht auf individuelle Selbstbestimmung einräumt und mehr noch, in dem es Grundrechte gibt, von denen jeder Türke in der Türkei nur träumen kann. ▪ Die Freiheit, sich als Individuum zu begreifen, sein Leben selbst zu bestimmen, entgegen aller Widerstände und Vorurteile, die Erkenntnis seiner selbst jenseits aller Fremdzuschreibungen, ist ein Luxus, der uns nicht selbstverständlich in den Schoß fällt. ▪ Ich bin nicht stolz auf eine Fahne oder eine nationale oder kulturelle Zugehörigkeit, ich bin stolz auf meine Herkunft, stolz darauf, dass meine Eltern – einfache Bauern, die aus einem Bergdorf unweit des Pontischen Gebirges stammen – den Mut hatten, nicht nur tausende von Kilometern hinter ich zu lassen, sondern auch eine Art Zeitreise gemacht haben, von einem Leben, geprägt von archaischen Sitten und Stammeszugehörigkeiten, in die Moderne. ▪ Manche der Einwanderer befinden sich heute immer noch in dieser „Zeitmaschine", sind gefangen in traditionellen Wertvorstellungen und religiösen Auflagen, die ihnen ein Ankommen in der Moderne erschweren. Um anzukommen, um Neues zu erleben, muss man bereit sein unterwegs auch etwas zu verlieren, was nicht bedeutet, seine kulturelle Identität aufzugeben. Im Gegenteil. Kultur ist ein Luxus, den man erst richtig erfährt, wenn man ein Bewusstsein dafür entwickelt. Ich

çoğu maalesef hala kavrayamadı. Yani Almanya' nın onlara istedikleri dili konuşabilecekleri, istedikleri kültürü yaşayabilecekleri, kendi bireysel kaderlerini tayin edebilecekleri olanağı sunan ve daha fazlası, yani örneğin Türkiye' de bir çok insanın rüyalarında bile göremeyecekleri, temel insanlık haklarını tanıyan bir devlet olduğunu kavrayamadılar. ▪ Kendisini bir birey olarak algılamak, hayatının akışına kendisi karar verebilmek ve bütün engel ve önyargılara rağmen diğerlerinin kendilerine addettikleri bütün tanımlamaların ötesinde kendini tanıyabilme özgürlüğü, tabiki kendiliğinden sahip olamayacağımız bir lükstür. ▪ Her hangi bir bayrağa ve millete veya kültüre dahil olmaktan gurur duymuyorum. Sadece kökenimden gurur duyuyorum, Pontus Dağları eteklerinden kopup buraya gelen sıradan köylü insanlar olan ve her şeyini, arkaik gelenek ve aşiret bağlarını geride bırakıp, sadece binlerce kilometreyi aşıp buralara gelme cesaretini göstermekten ziyade bir nevi zaman yolculuğuna çıkma cesareti gösteren ailemle gurur duyuyorum. ▪ Bazı göçmenler bugün bile moderniteye varmalarına engel olan gelenksel değerlerinde ve dini buyruklarda hapsolmuş bir şekilde bu "zaman tünelinde" tutukludurlar. Bir yerlere varmak, yeni bir şeyler öğrenmek için bu yolda belli şeyleri kaybetmeyi göze almak gerekir. Ama bu kattiyen kültürel benliğini feda etmek

habe dieses Bewusstsein in Deutschland entwickelt. ▪ Ich wünsche mir, dass noch mehr Menschen von diesen Möglichkeiten profitieren, dass noch mehr Kinder aus Migrantenfamilien und Kinder aus sozial schwachen Milieus teilhaben an den Bildungsmöglichkeiten in Deutschland. Ich wünsche mir, dass der sogenannte „soziale Aufsteiger" keine Ausnahmerscheinung bleibt. Unsere Eltern und Großeltern haben mit ihrer Migration nach Deutschland den ersten Schritt gemacht, jetzt liegt es an uns, das Beste daraus zu machen. ▪ „In zwei Welten leben", so beschreibt die junge Generation der Migranten ihre Zerissenheit zwischen der deutschen- und der Herkunftskultur. Vielleicht ist es an der Zeit, sich über tradierte Wertvorstellungen hinweg zu setzen, Kompromisse zu machen, um Welten zu verbinden und um sich selbst zu finden.

„In dir selbst ist die ganze Welt verborgen, und wenn du weißt, wie man schaut und lernt, dann ist die Tür da und der Schlüssel ist in deiner Hand. Niemand kann dir diesen Schlüssel geben oder die Tür zeigen, nur du bist dazu in der Lage."
Krishnamurti, 100 Jahre

GÜNER BALCI, Berlin 2009

anlamına gelmez. Bilakis, kültür ancak kendisinin varlığının bilincine varıldığında hissedilebilinen bir lükstür. Ben bu bilinci Almanya' da geliştirip, sahip oldum. ▪ Dileğim, daha bir çok insanın bu olanaklardan faydalanması ve göçmen ailelerinden daha çok çocuk ve gencin Almanya' daki eğitim ve öğretim fırsatlarından istifade etmeleridir. Dileğim, sözümona "Sosyal Anlamda Başaran" ların artık bir istisna olmamasıdır. Anne ve babalarımız, dede ve ninelerimiz Almanya' ya göç etmekle ilk adımlarını attılar. Şimdi ise, bu durumdan en iyisini yaratma sırası bizde. ▪ Yeni göçmen nesli Alman kültürü ve geldikleri kültür arasındaki yaşam çelişkisini "iki dünya arasında yaşamak" olarak tanımlamaktadır. Dünyaları birleştirmek ve kendi kendini bulmak için belki de geleneksel değer yargılarını aşmak, uzlaşıp anlaşmanın zamanı gelmiştir.

"Senin içinde dünyanın tamamı gizlidir, ve şayet sen nasıl bakıldığını ve öğrenildiğini bilirsen, kapıyı görürsün ve kapının anahtarı da senin elindedir. Kimse sana bu anahtarı veremez veya kapıyı gösteremez, sadece sen kendin bunu başarabilirsin."
Krishnamurti, 100 Yıl

GÜNER BALCI, Berlin 2009

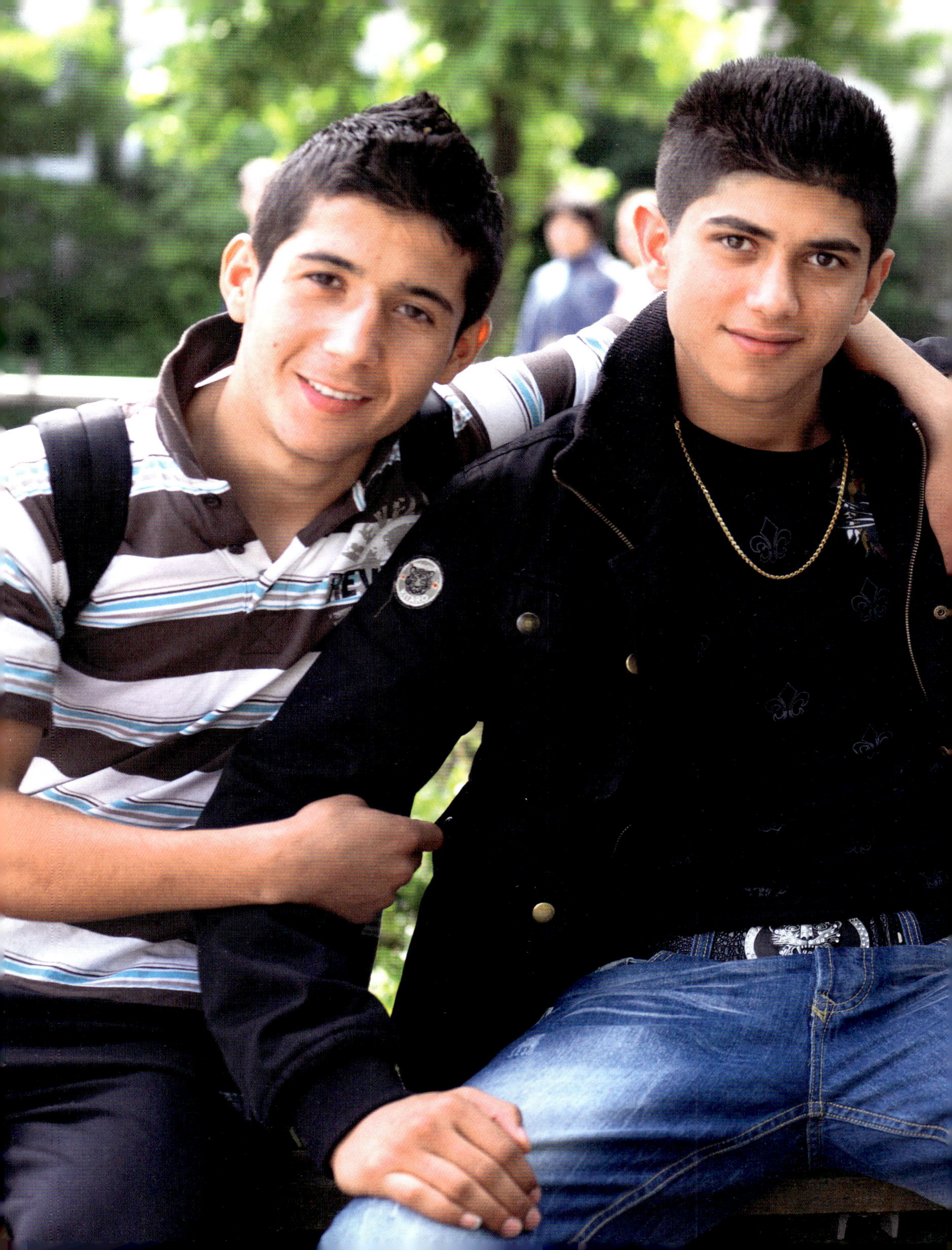

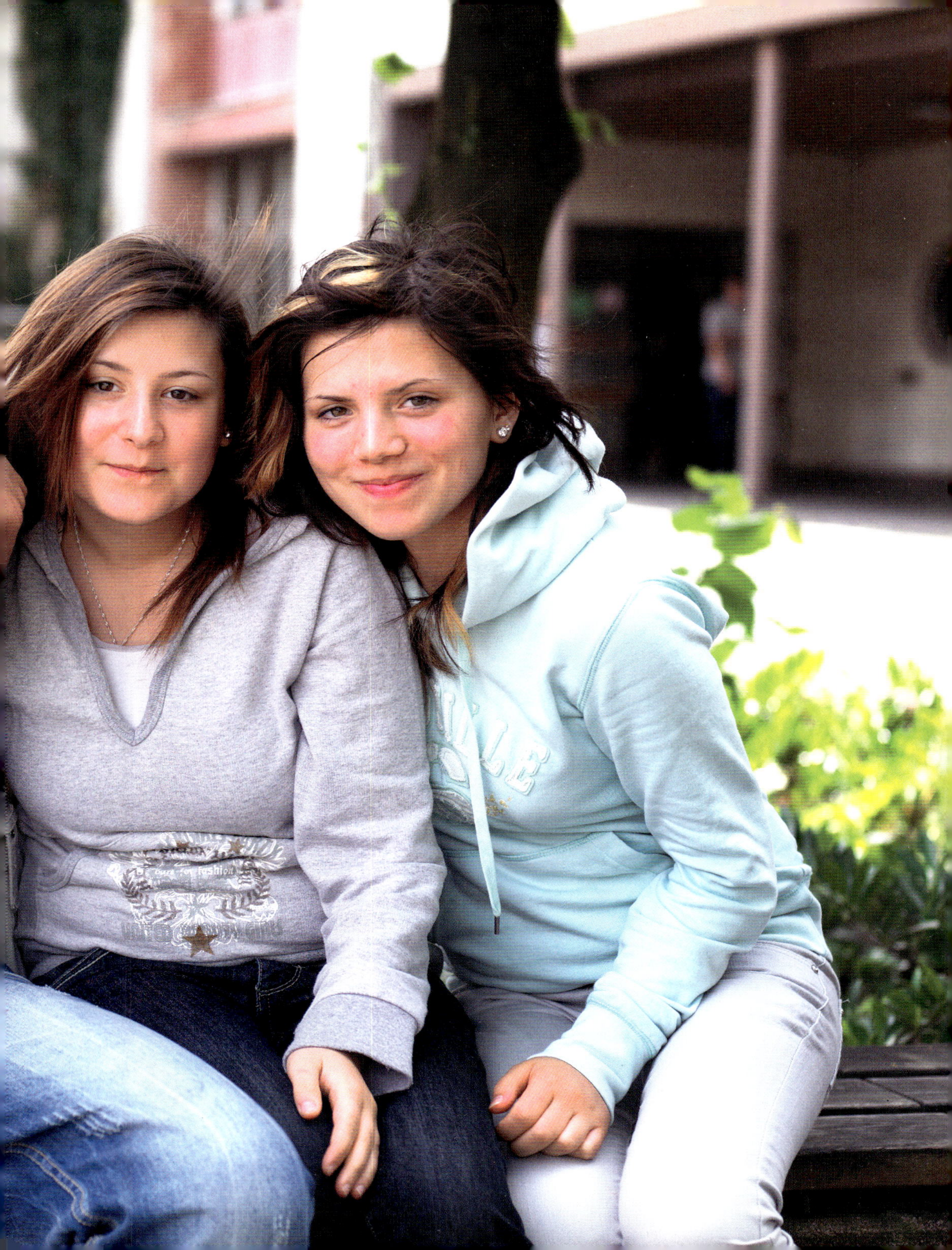

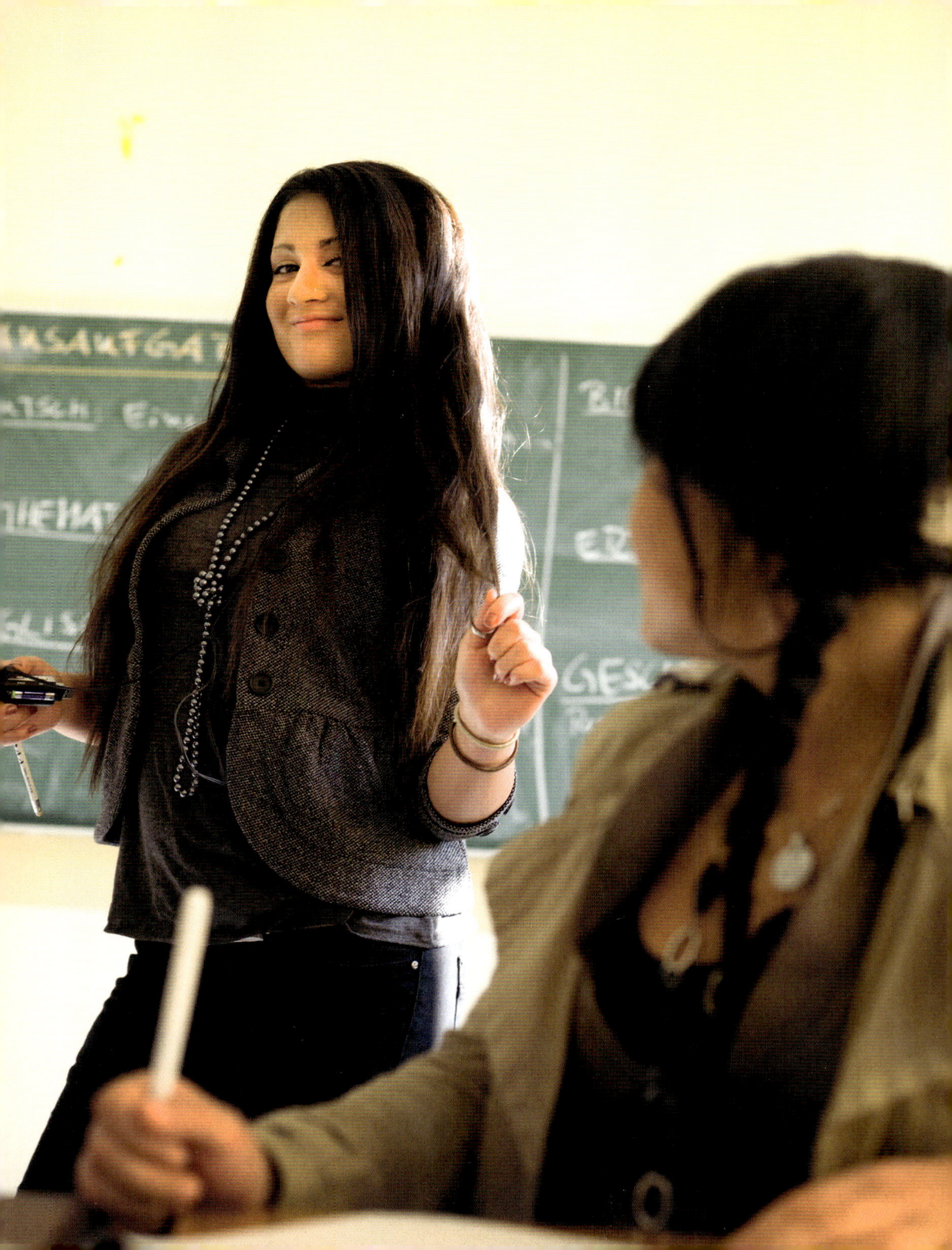

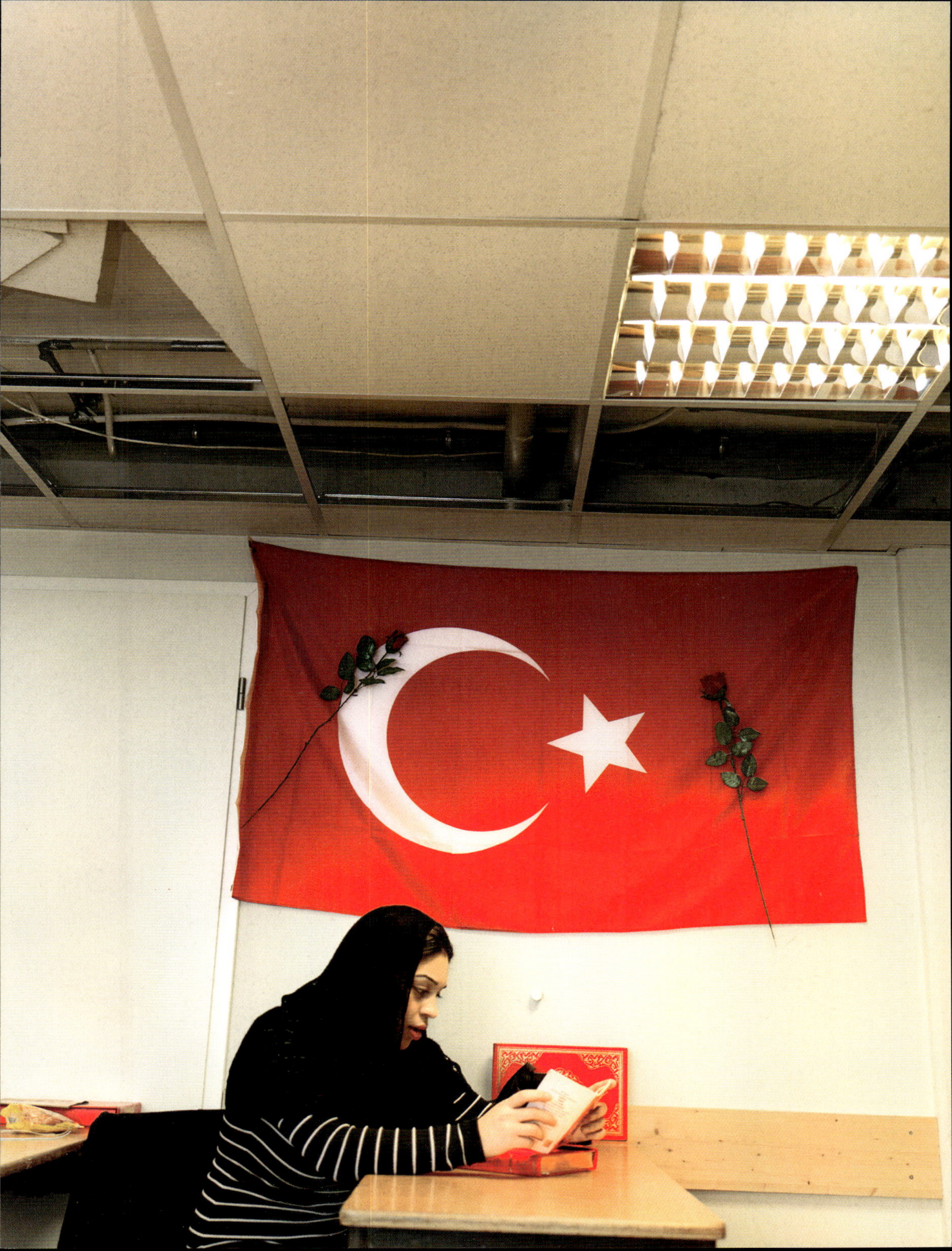

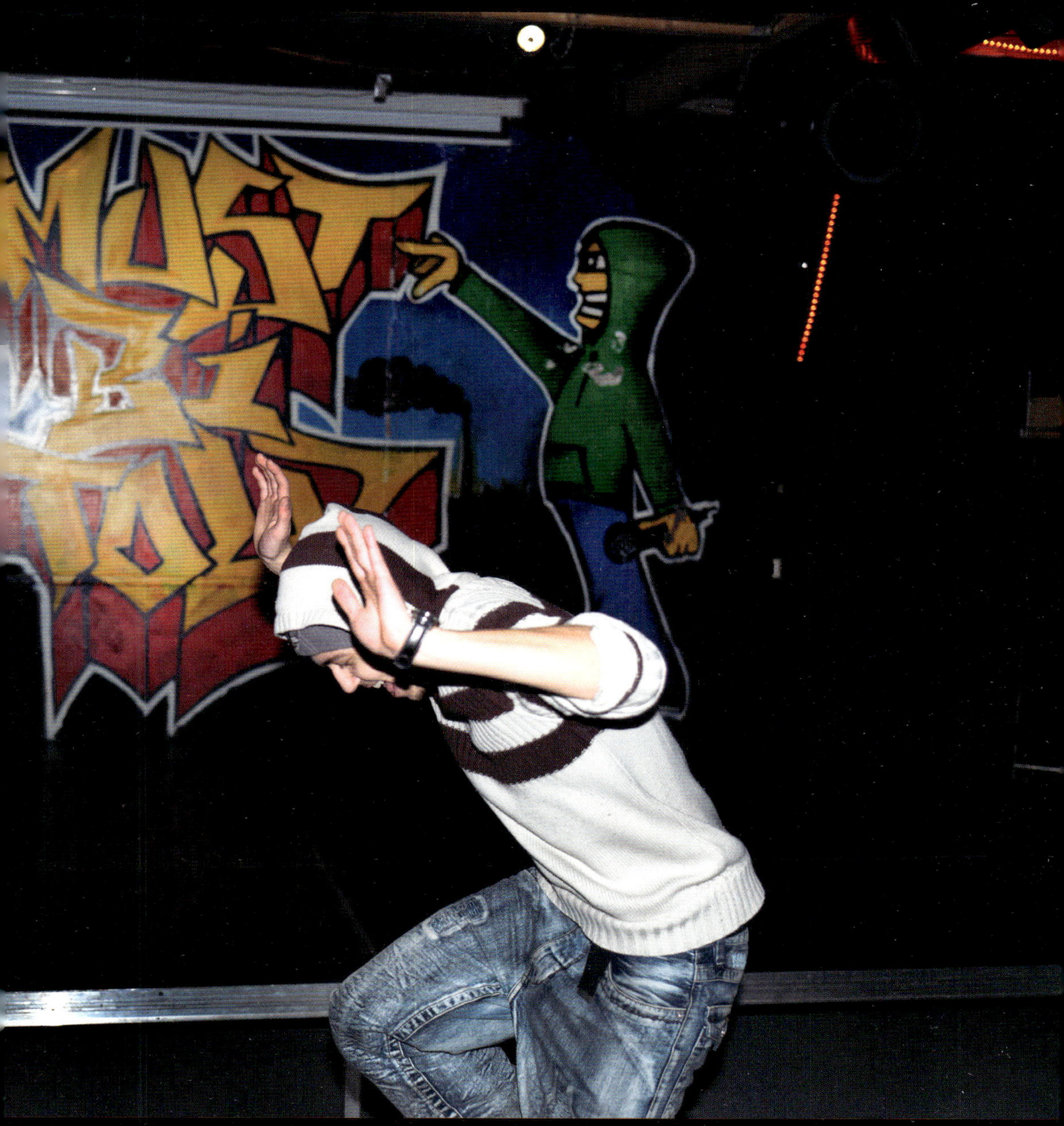

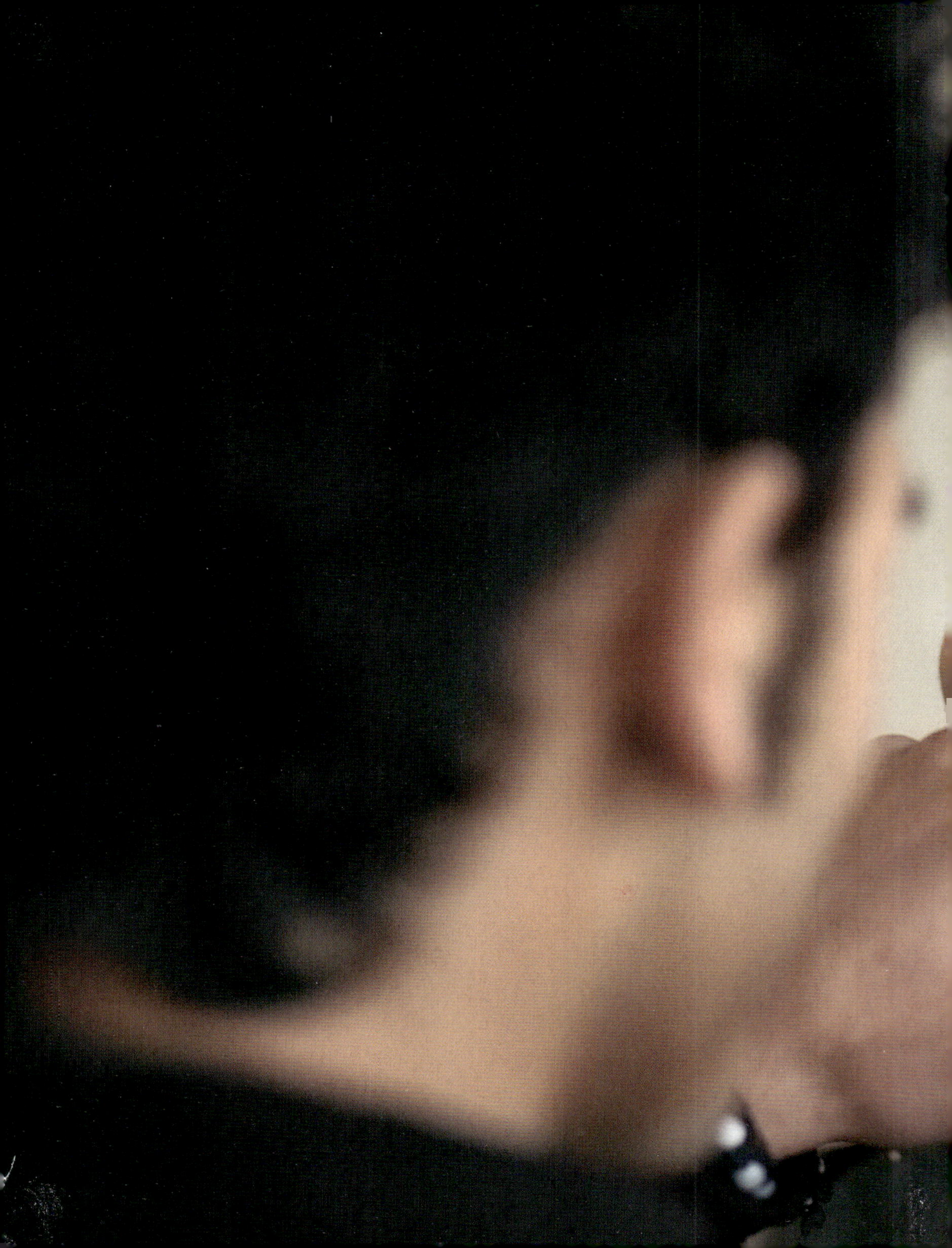

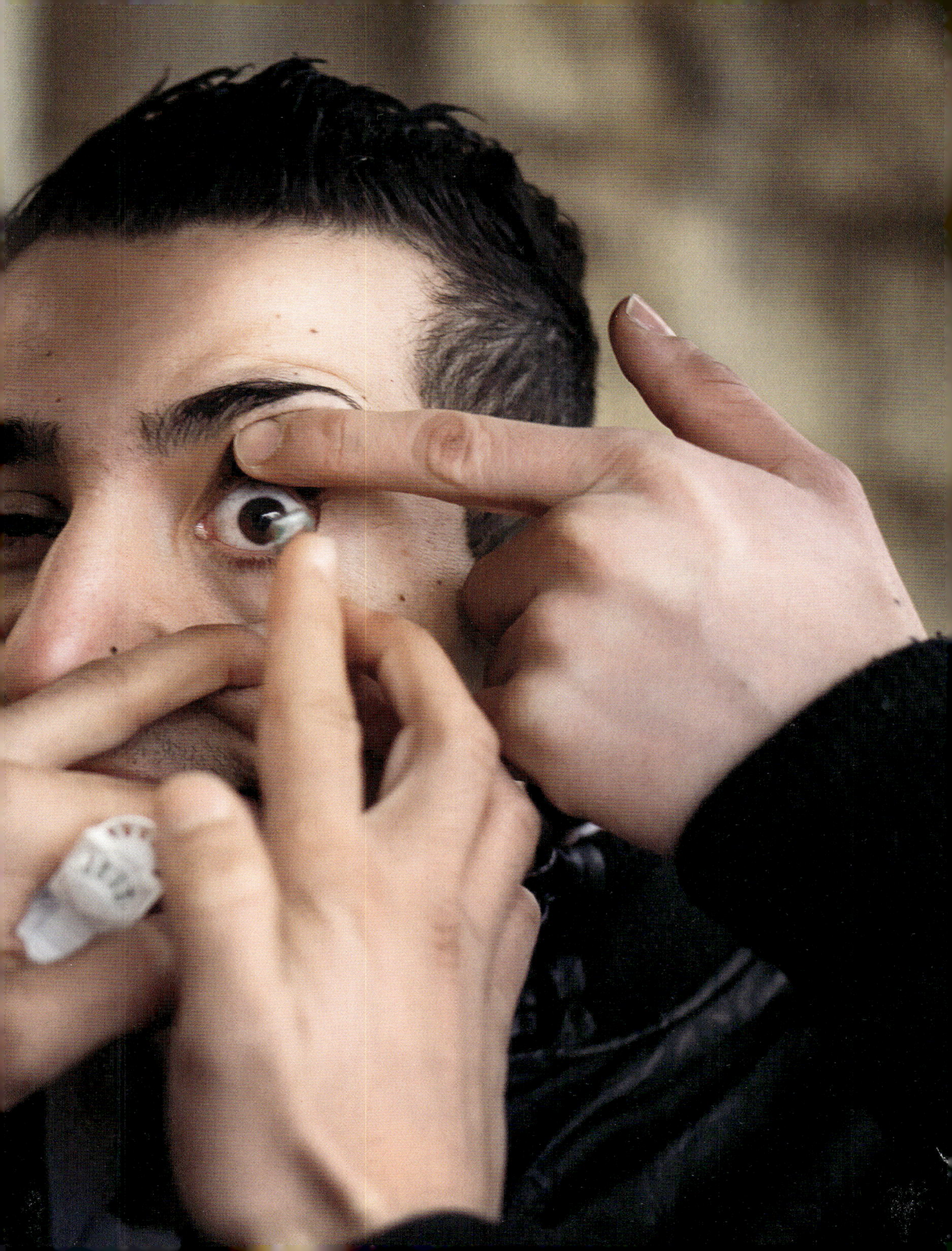

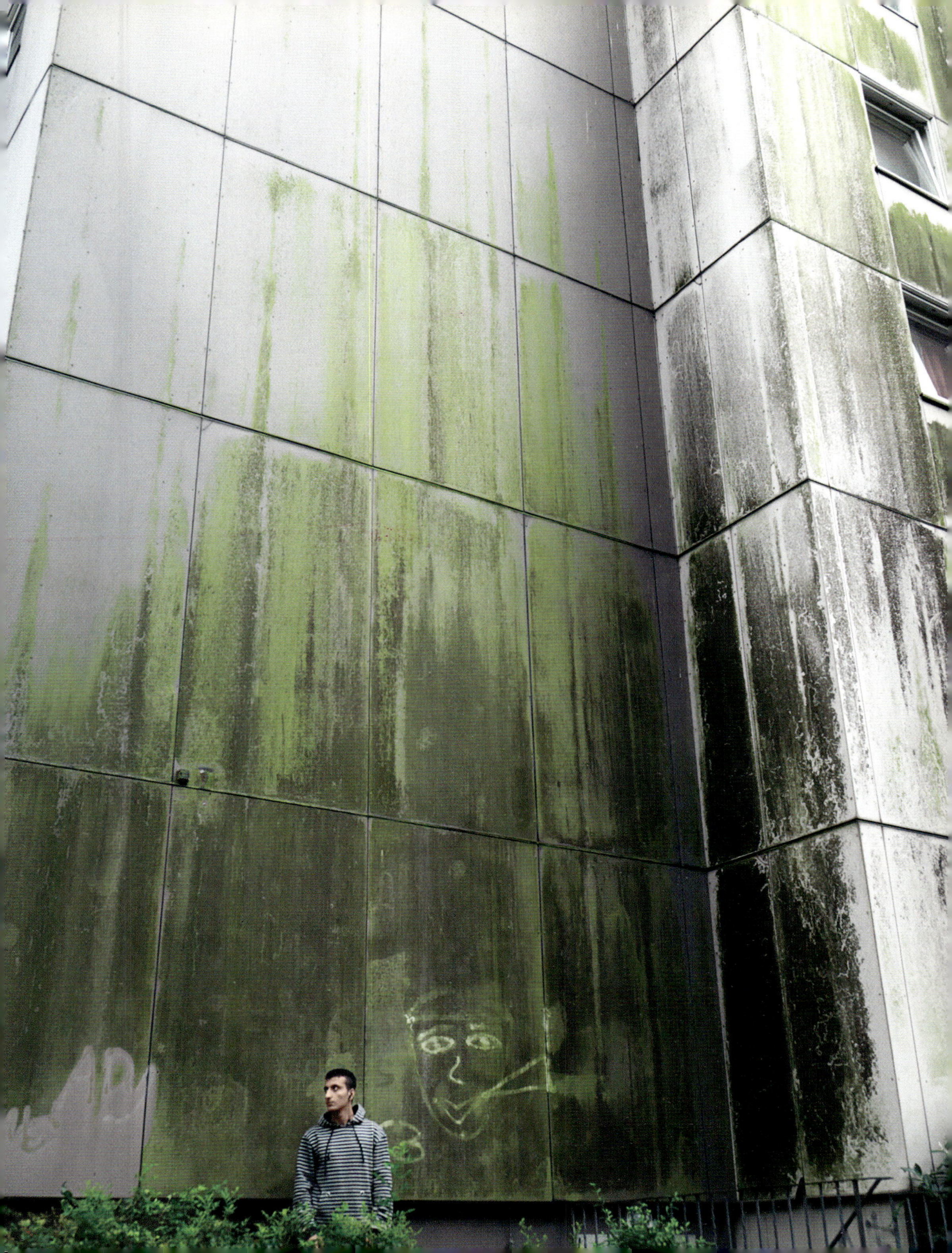

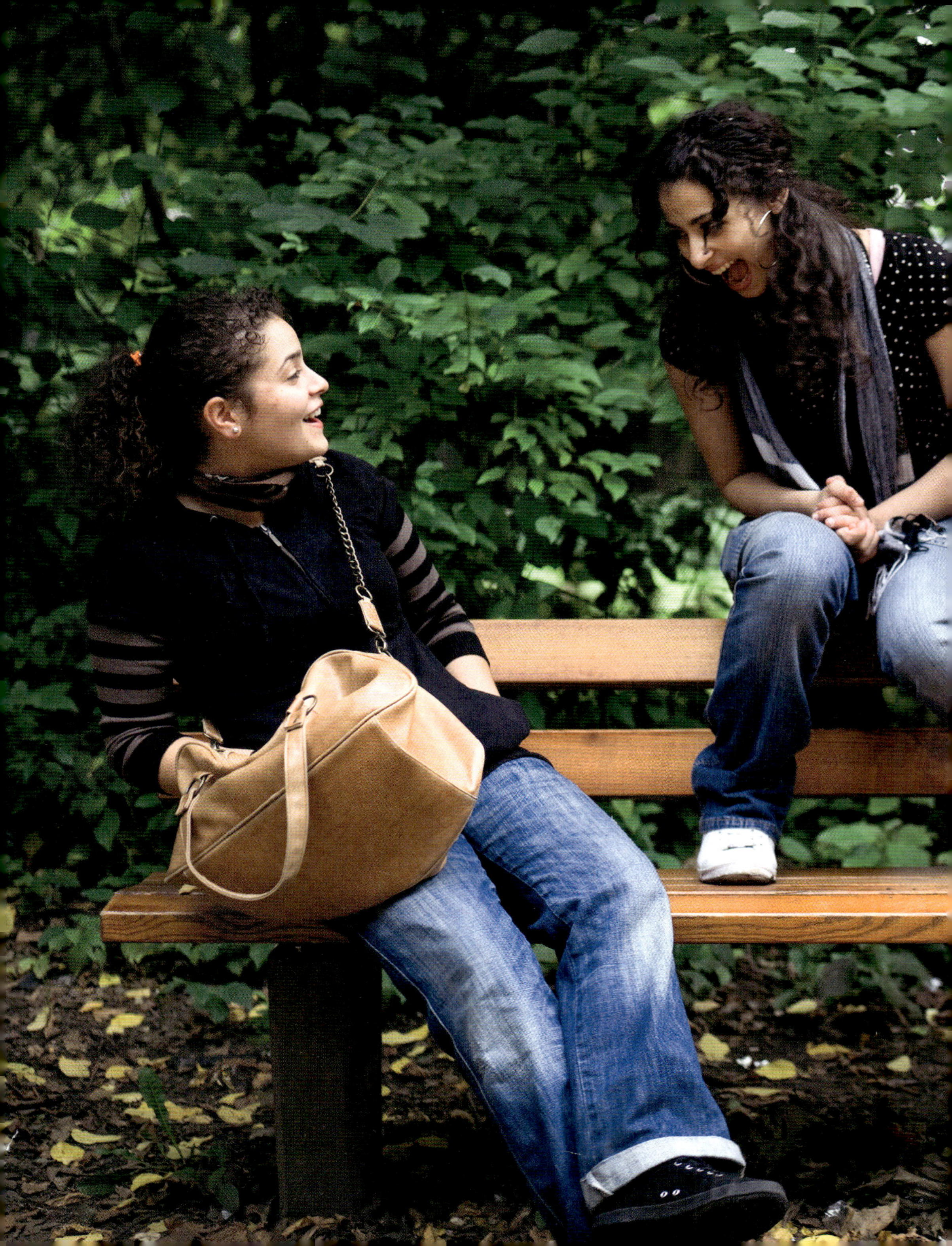

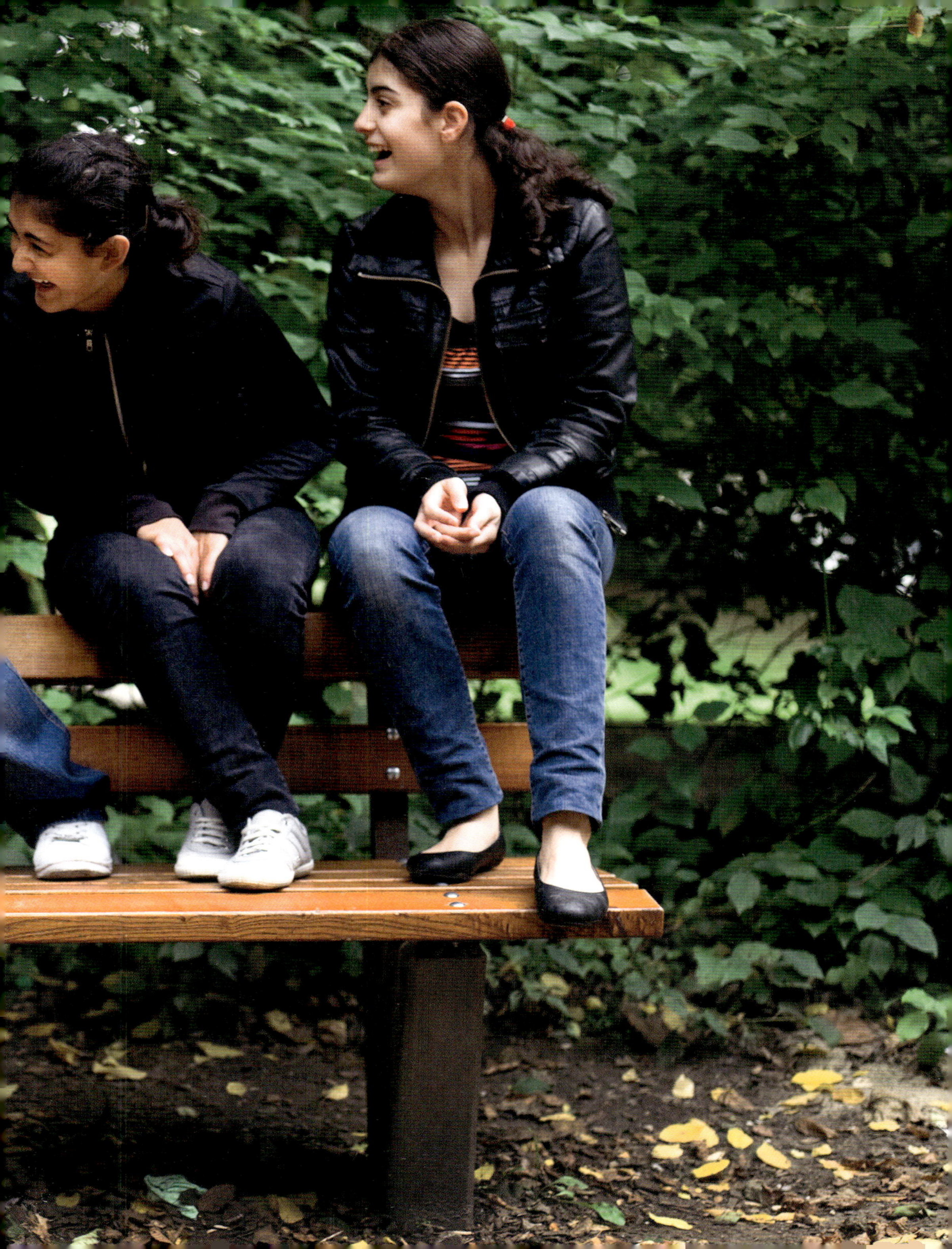

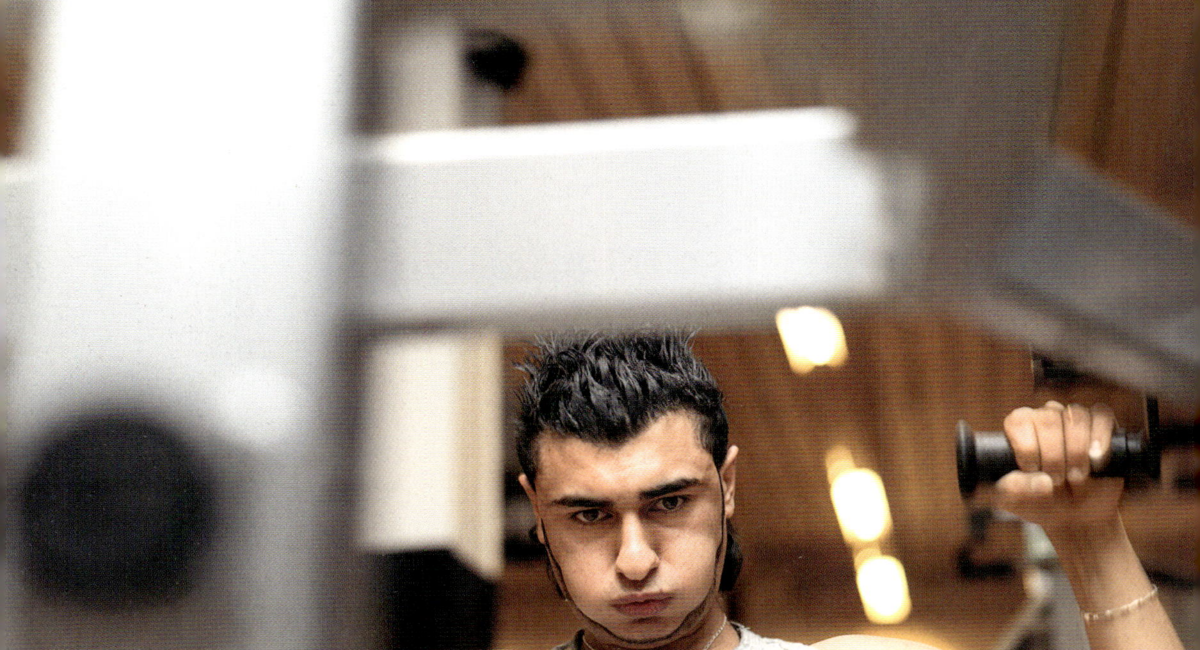

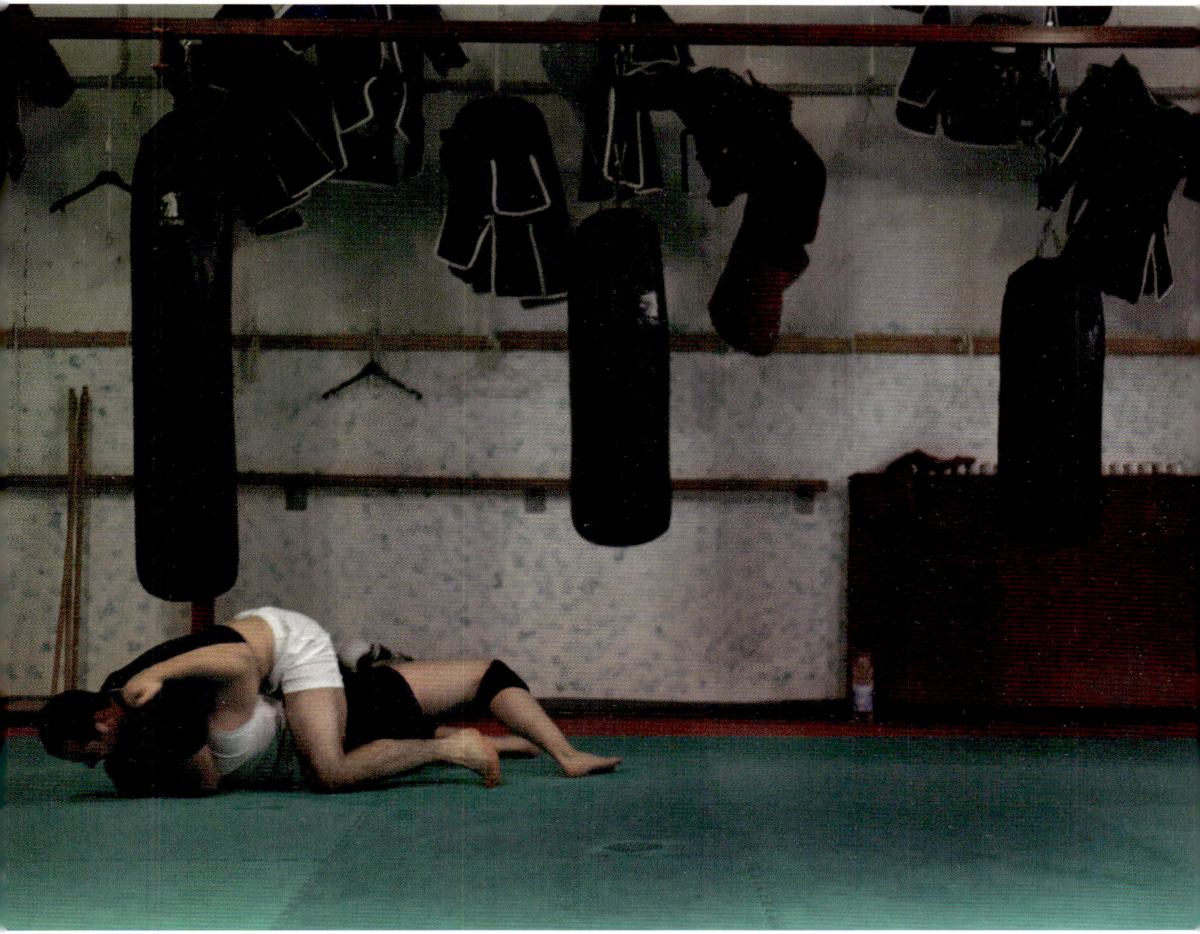

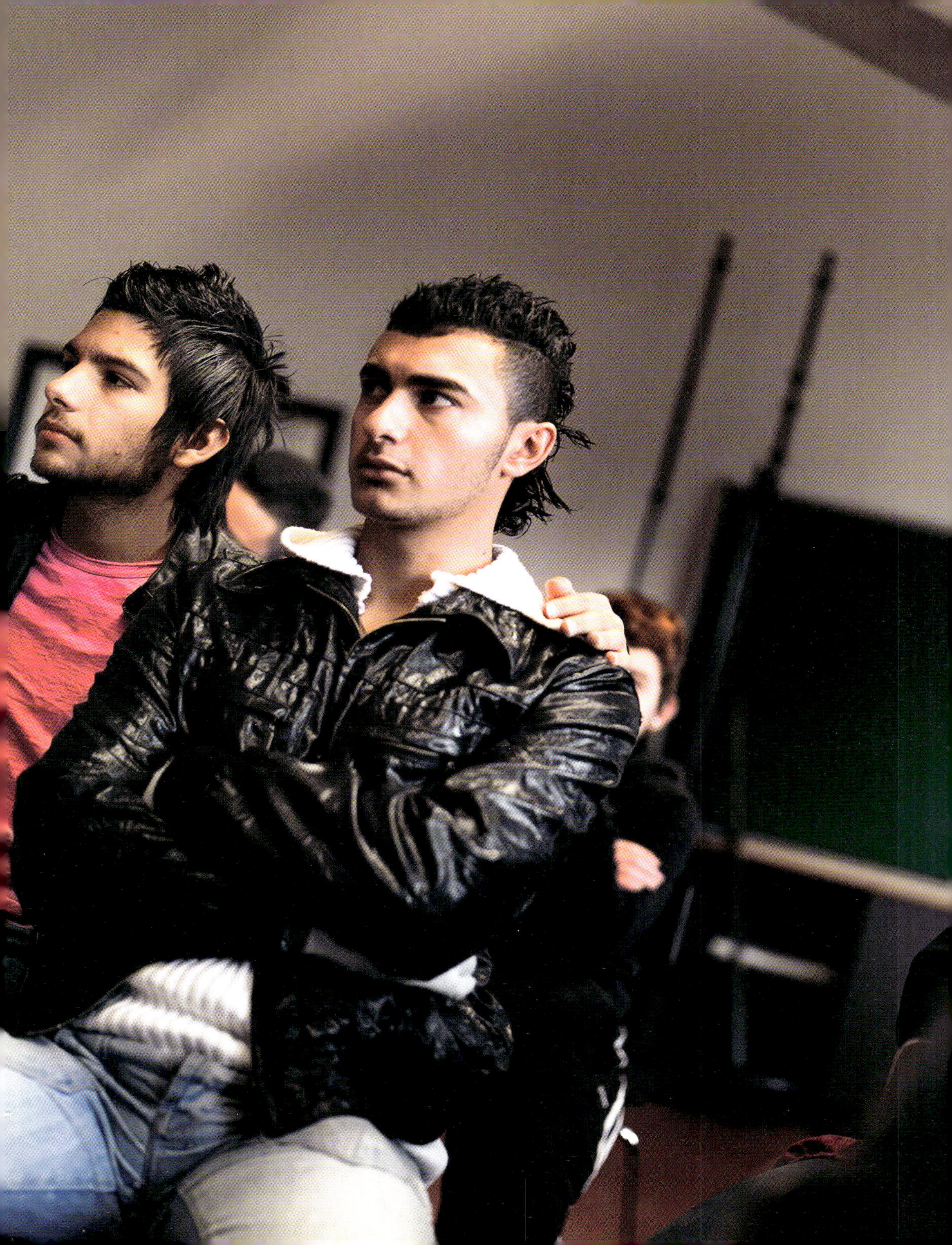

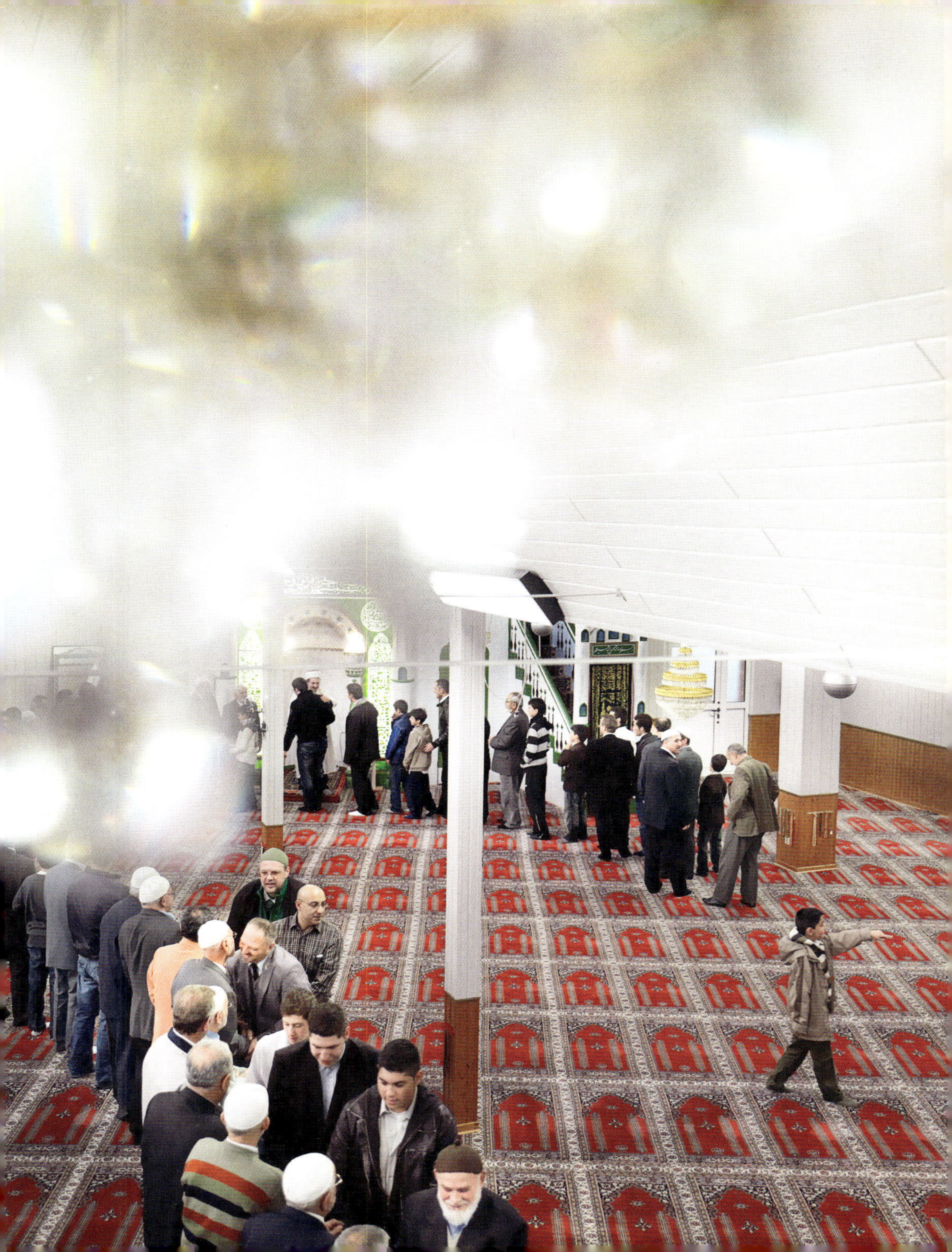

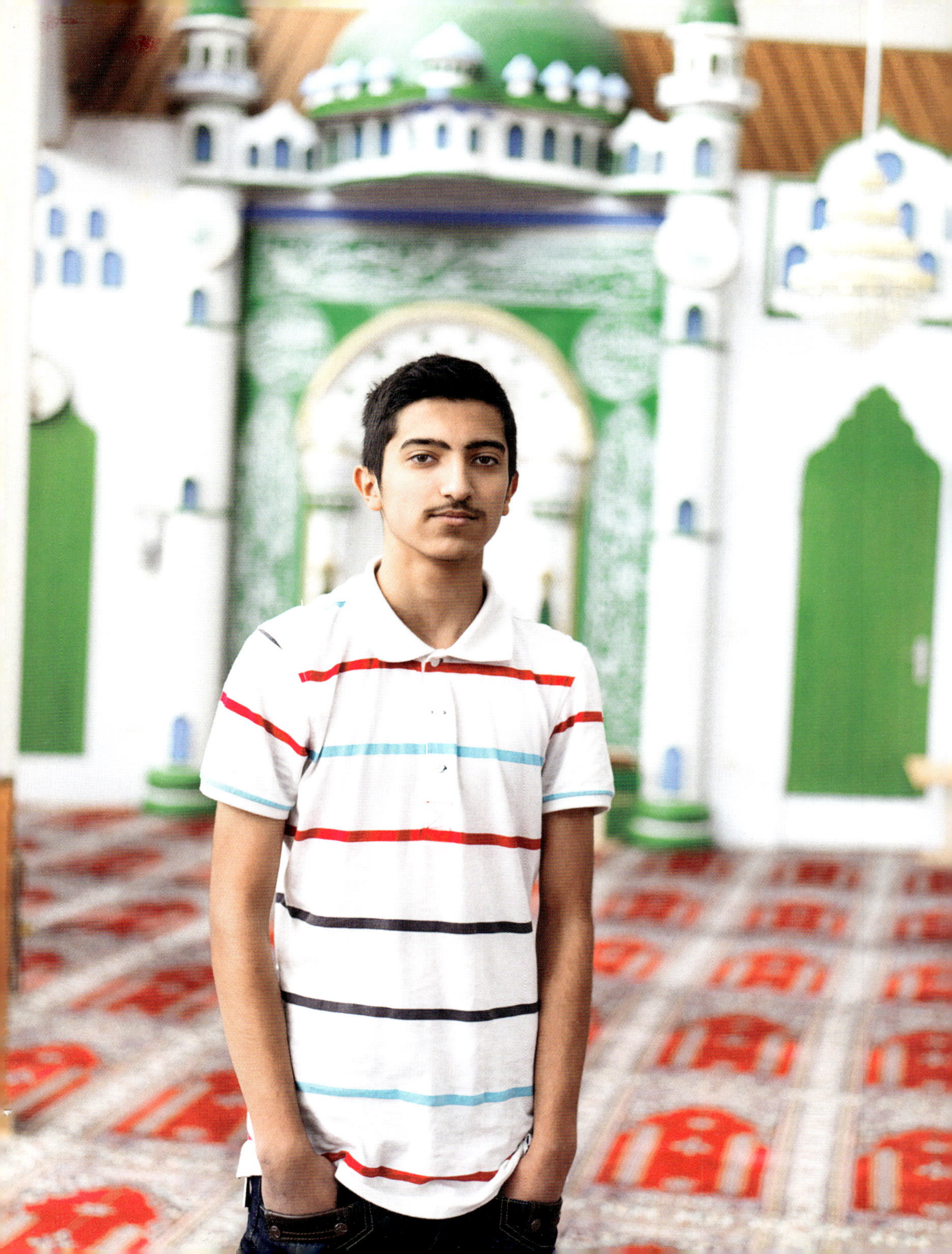

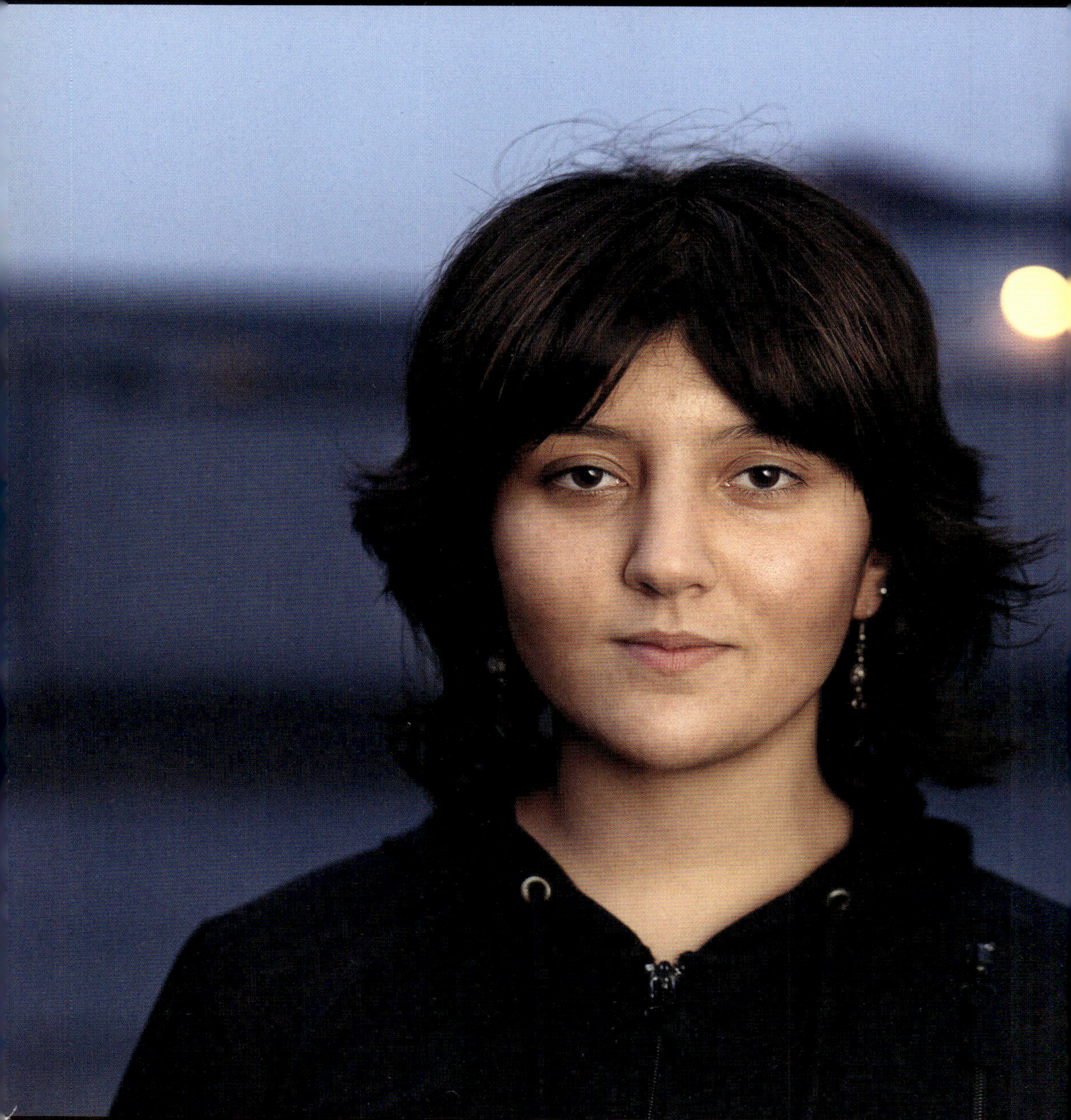

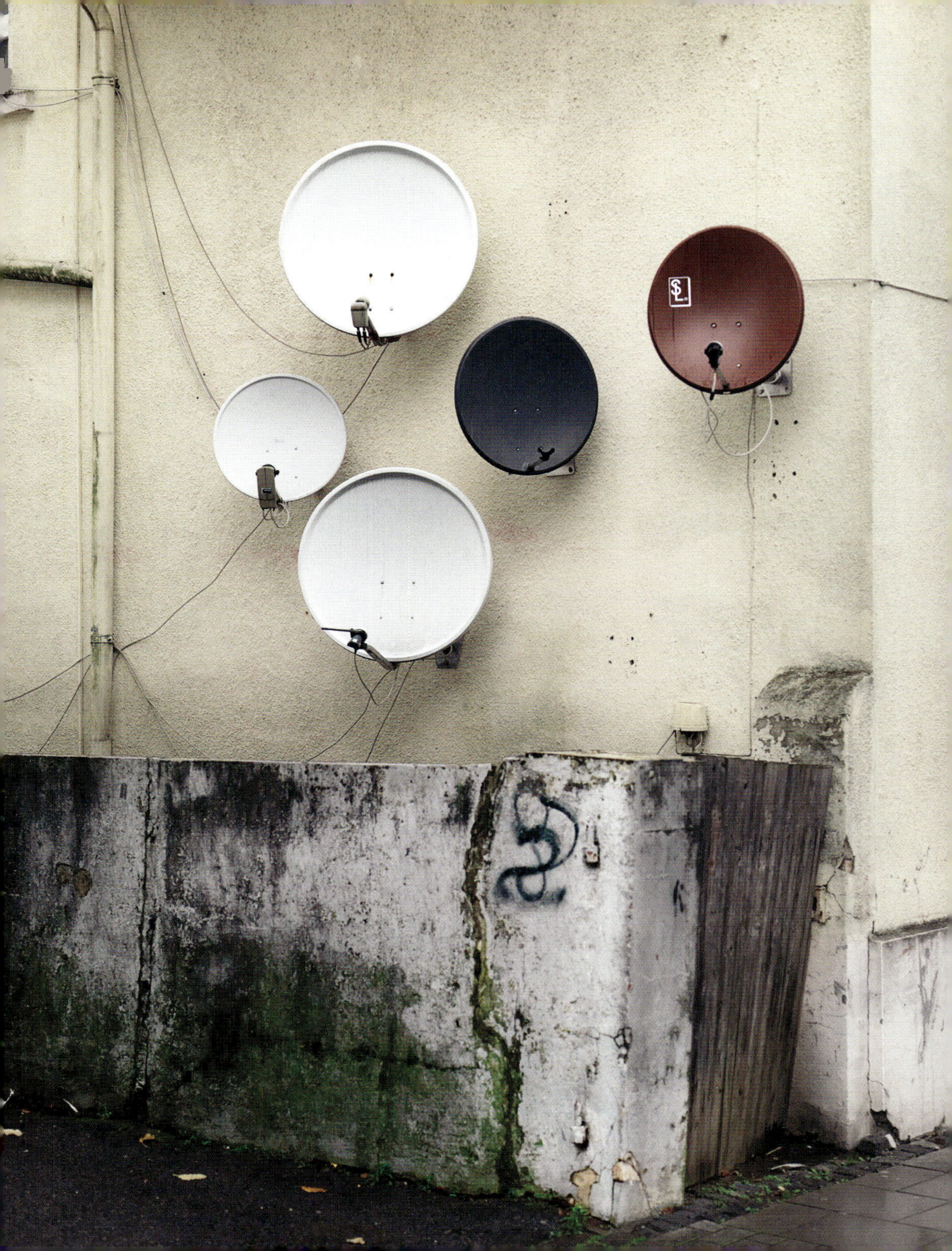

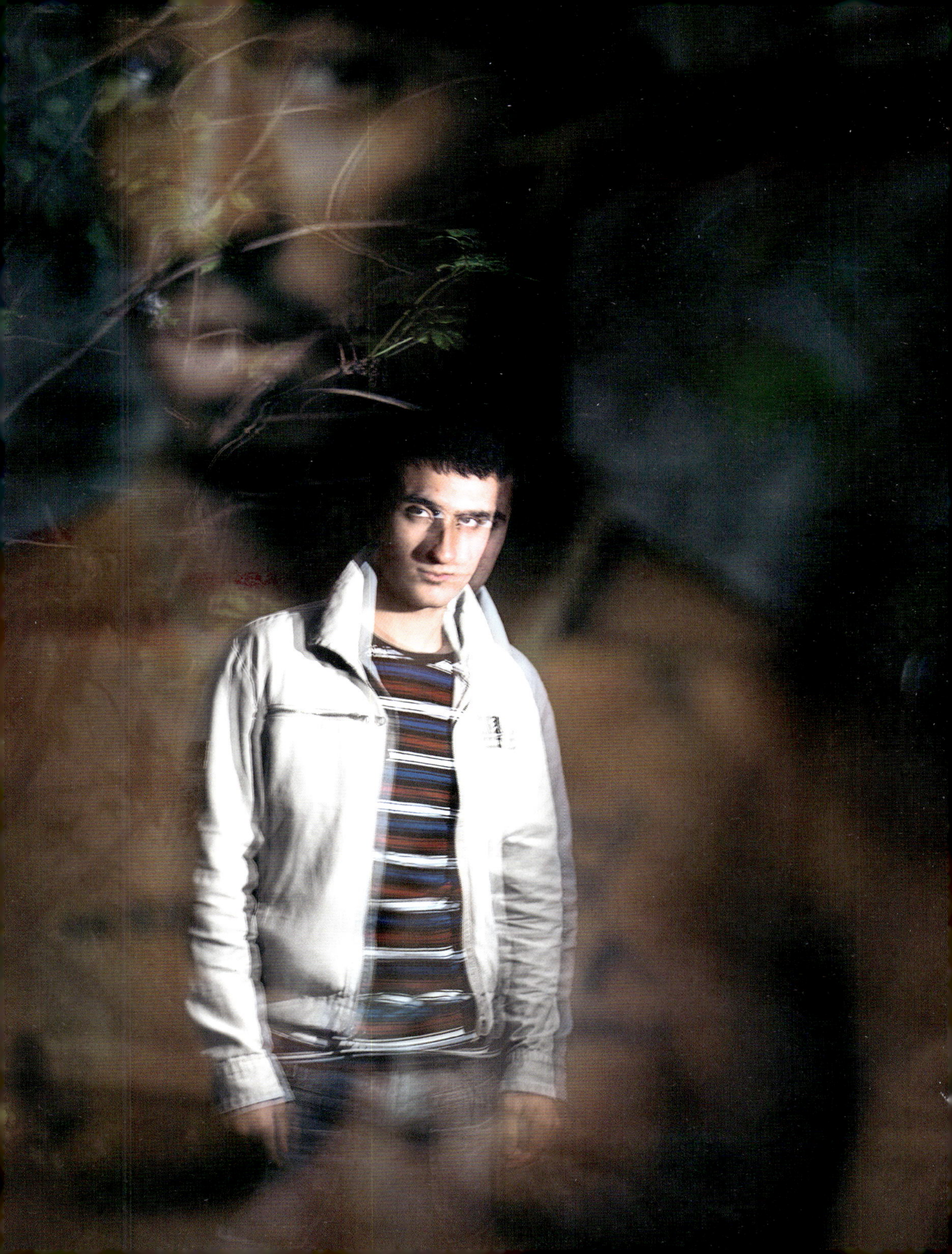

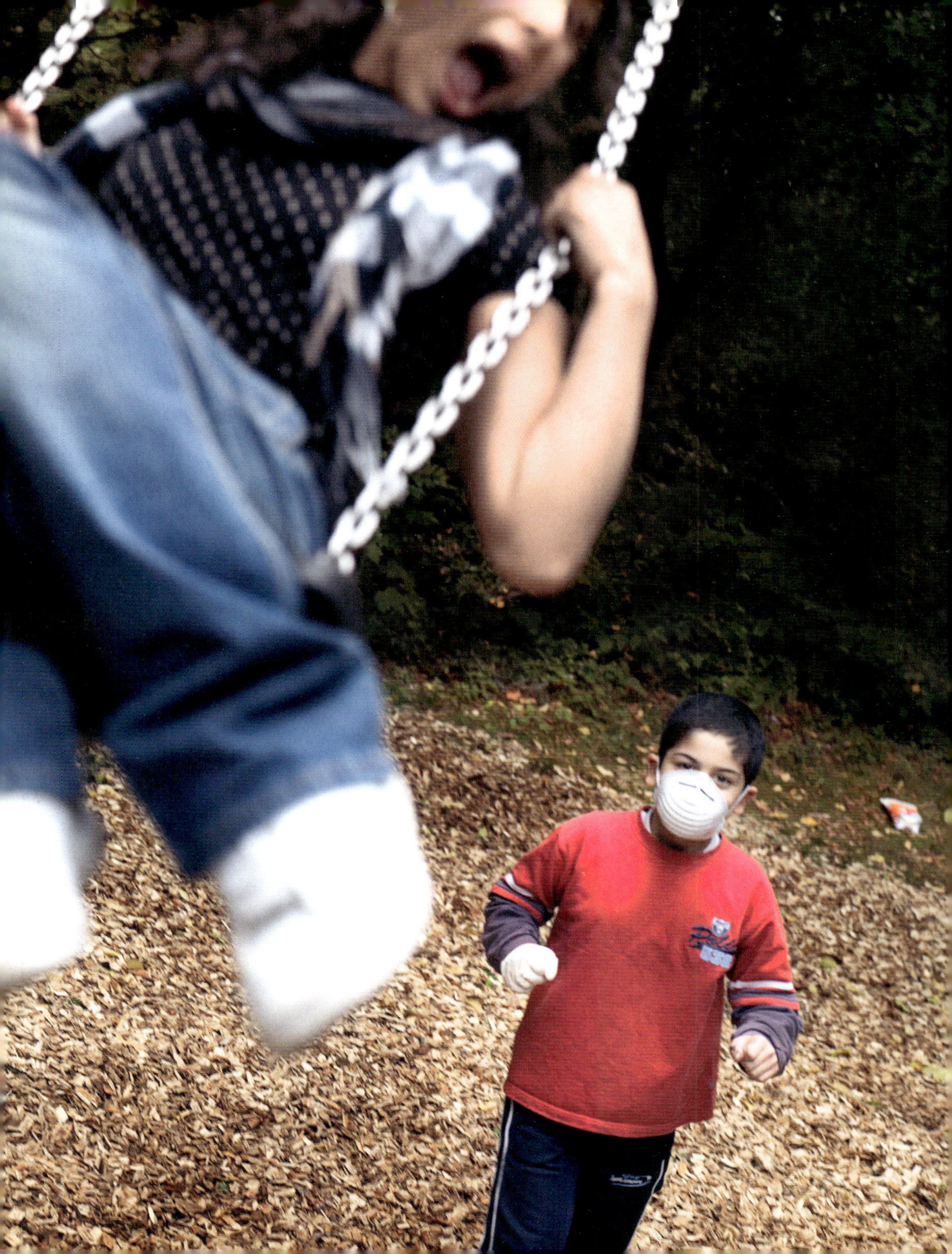

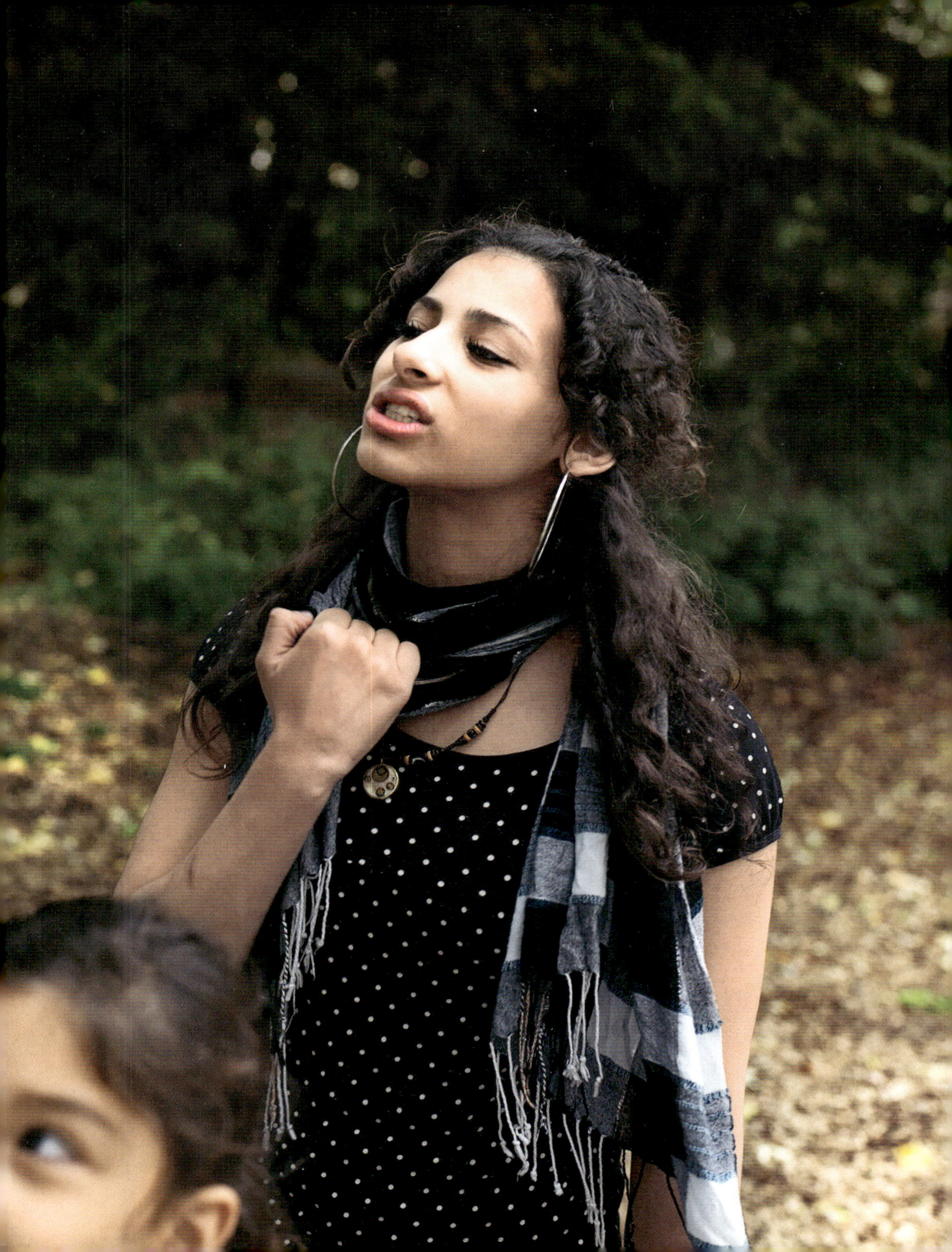

25

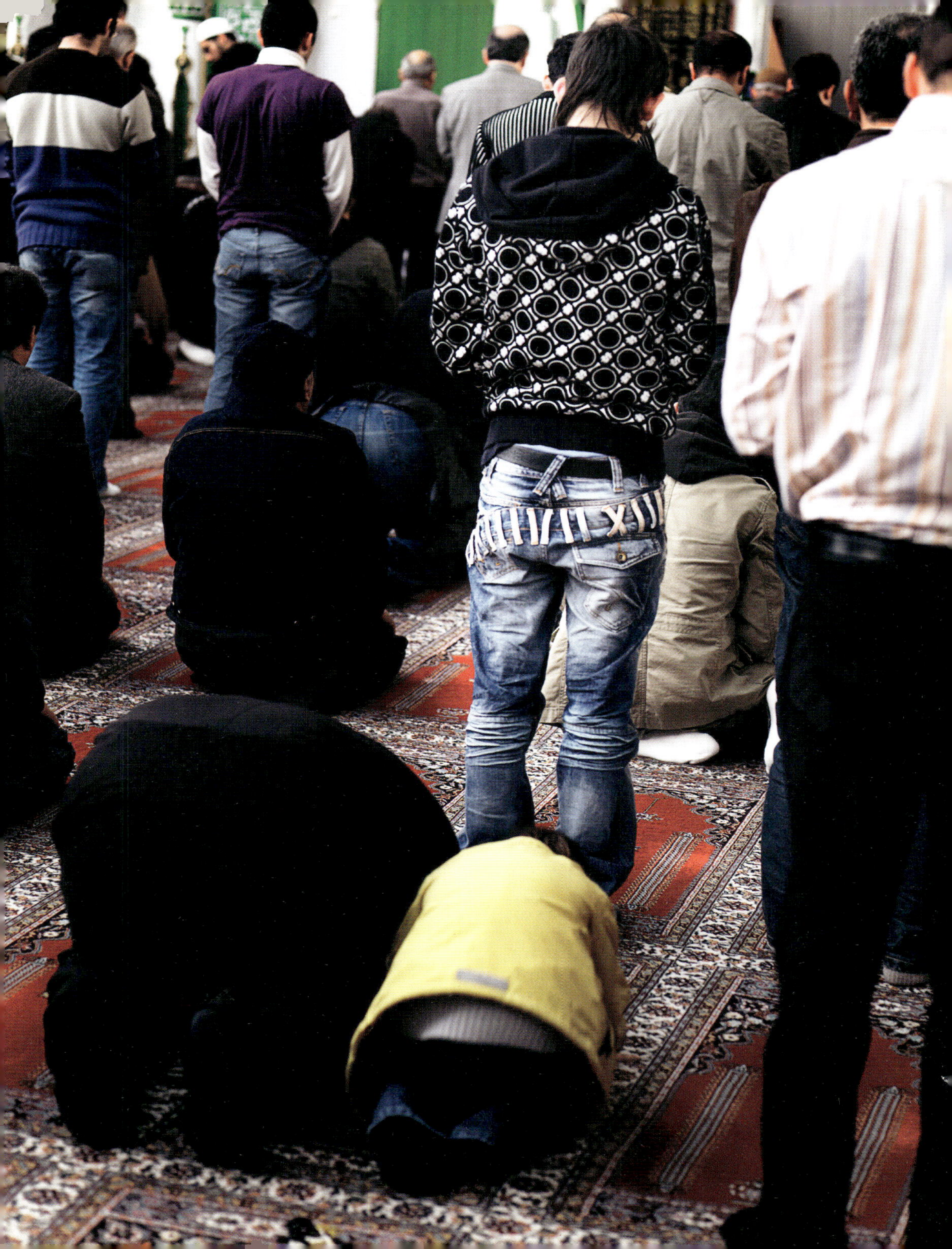

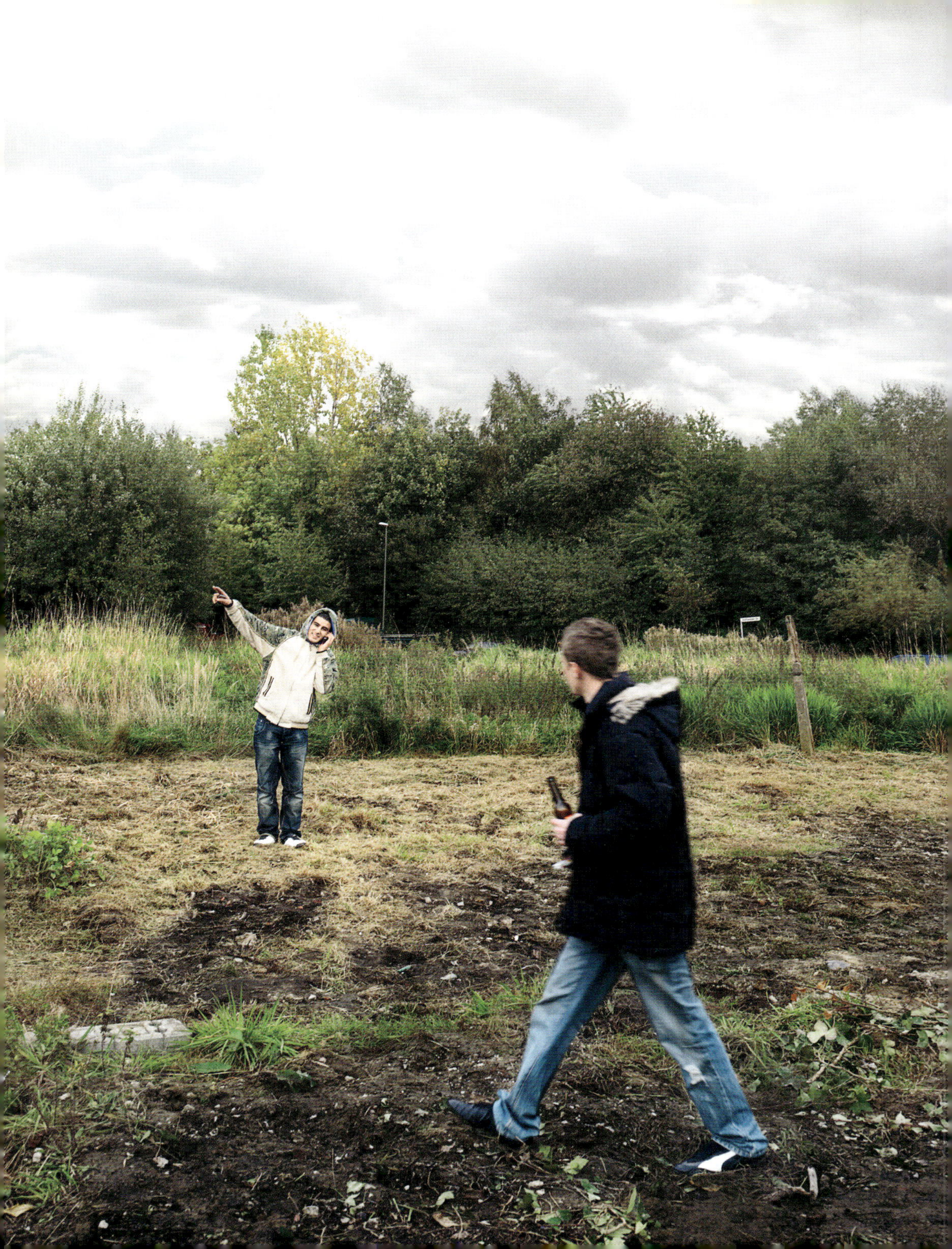

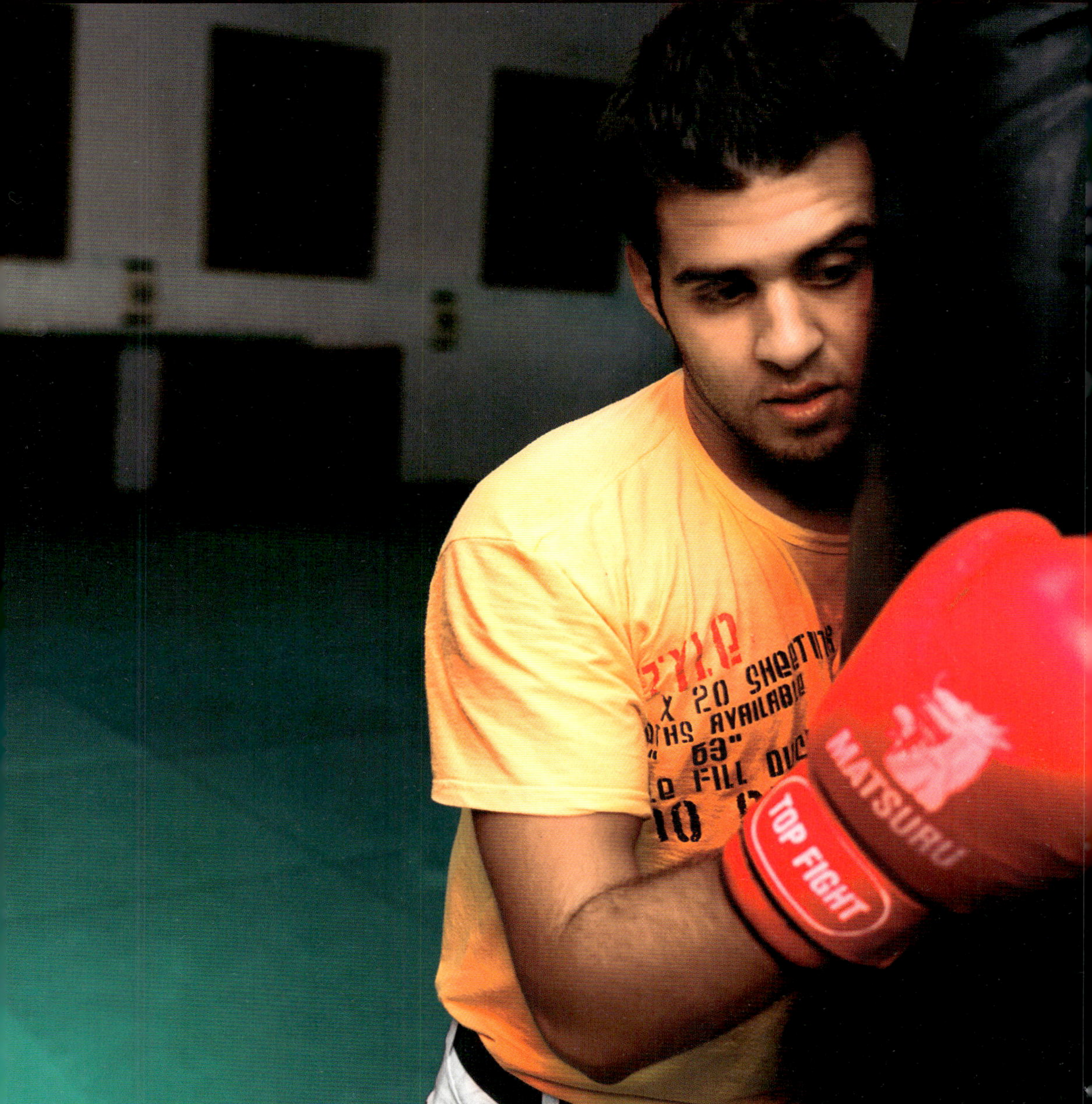
MATSURU
TOP FIGHT

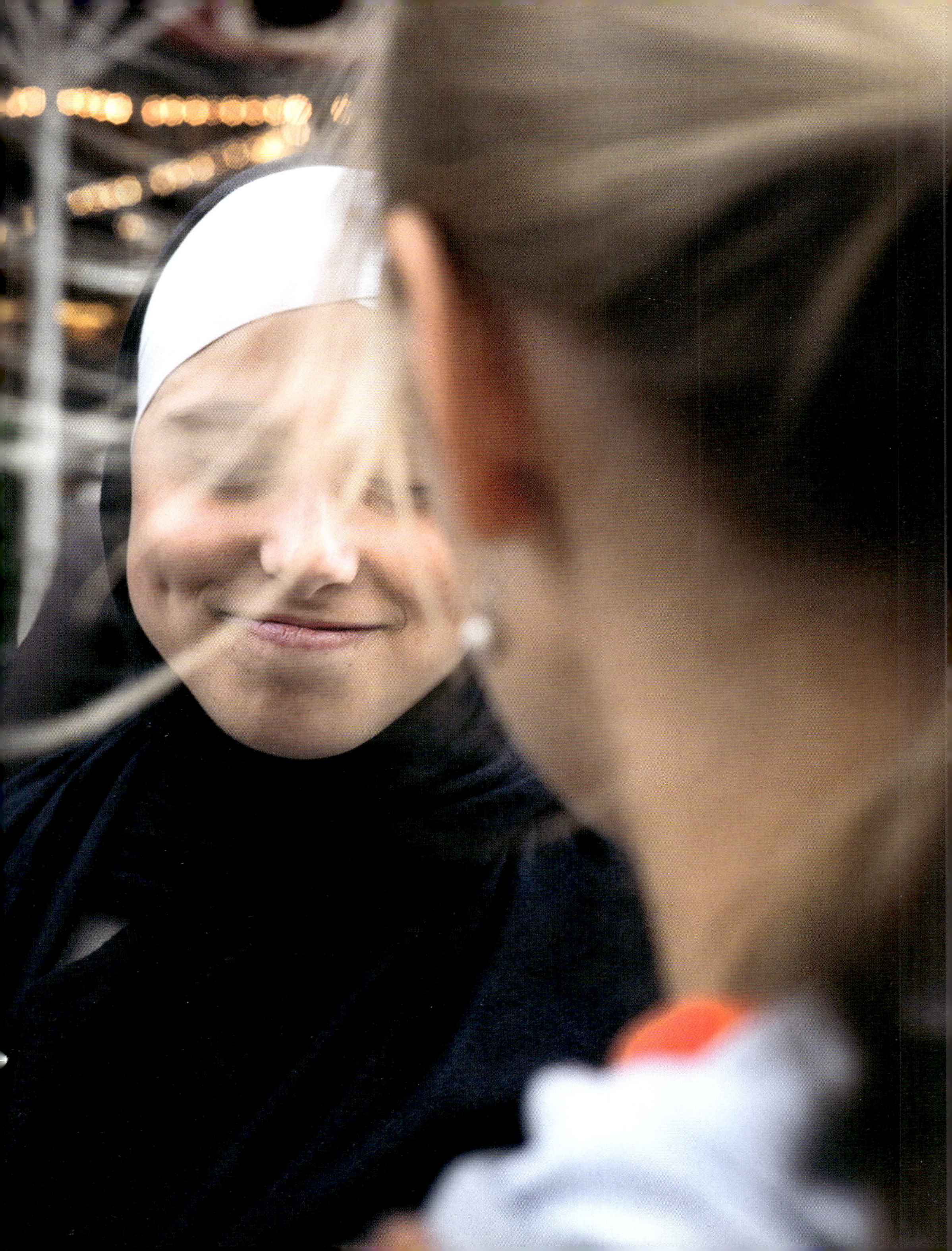

CAFE EUROPA

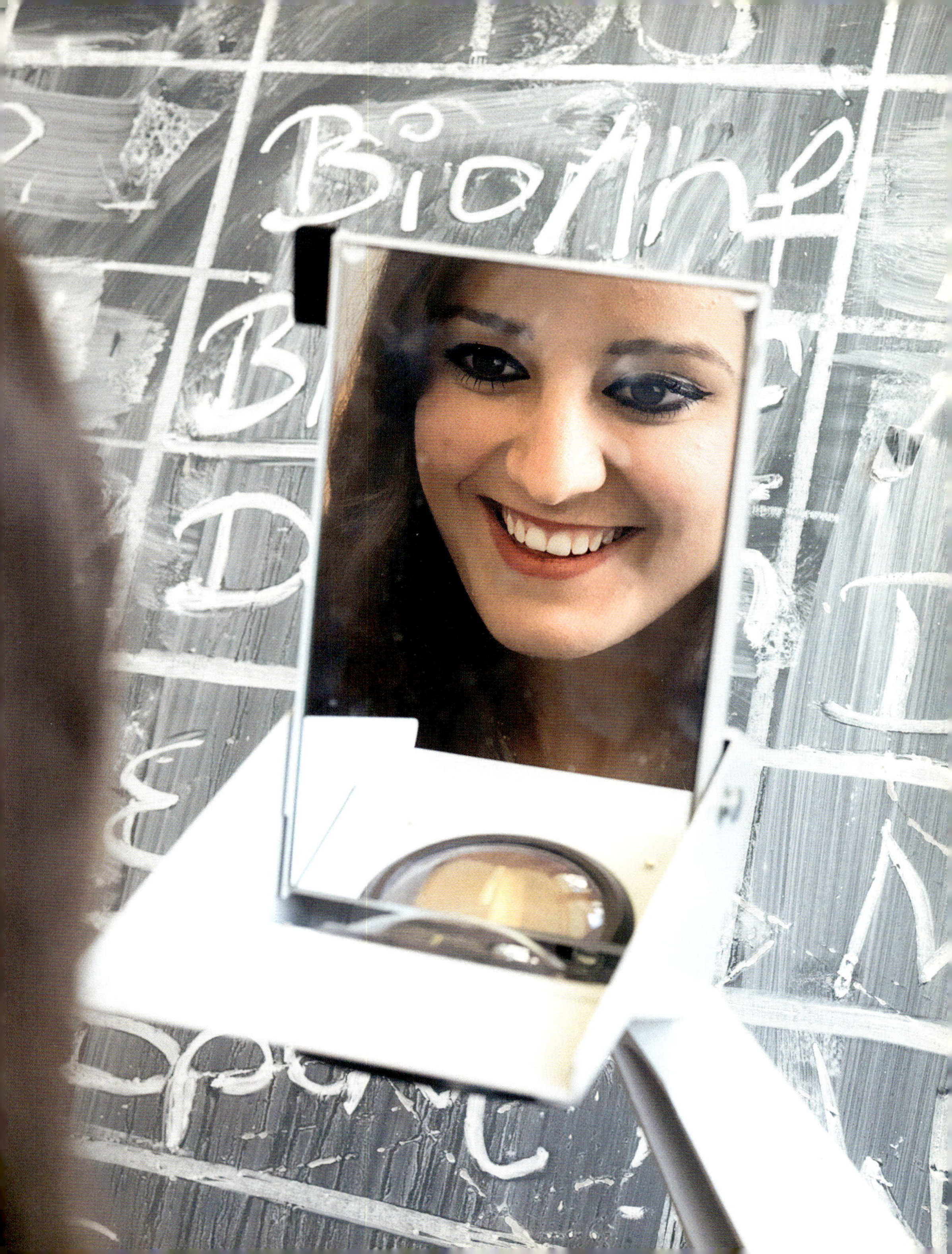
BioAnf

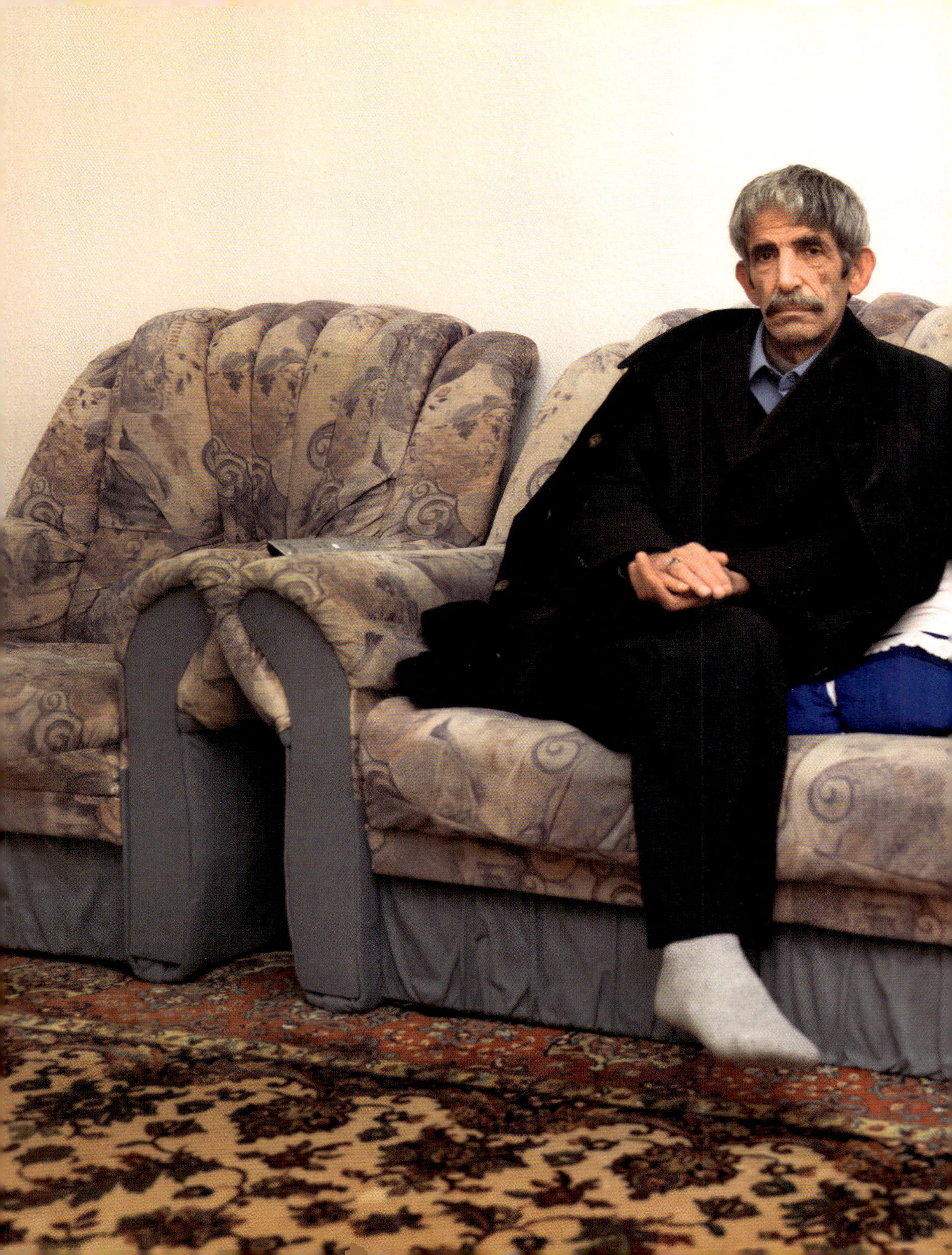

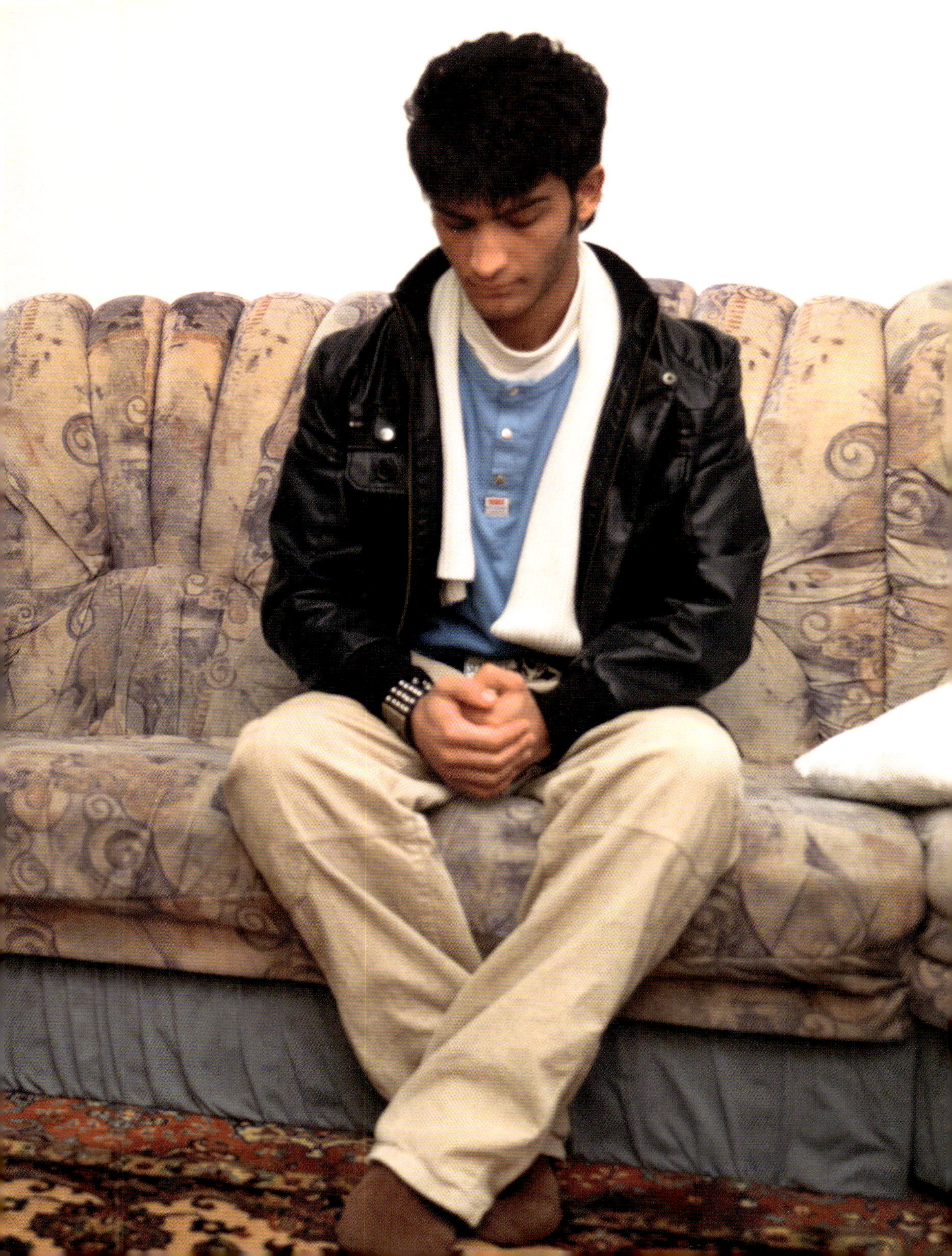

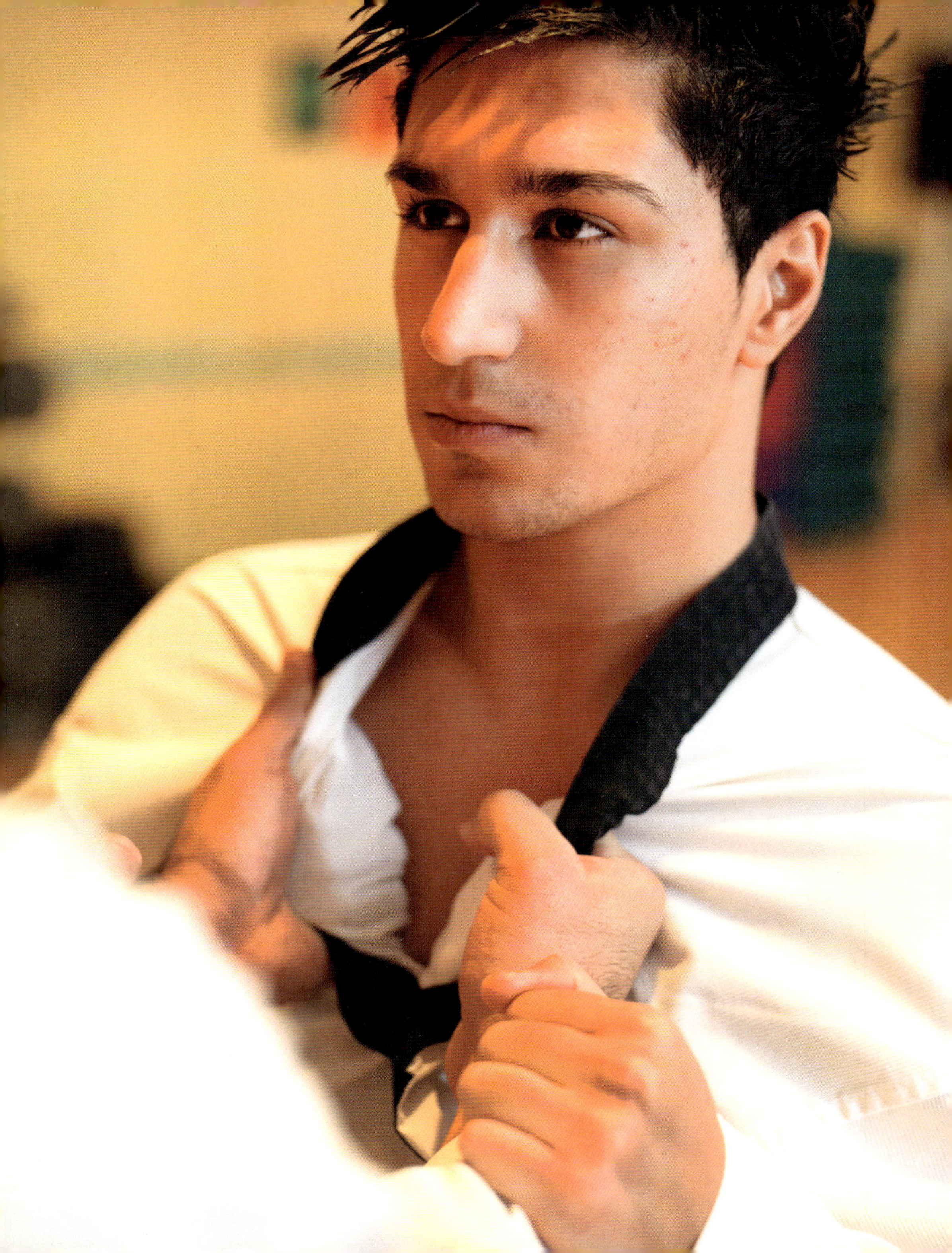

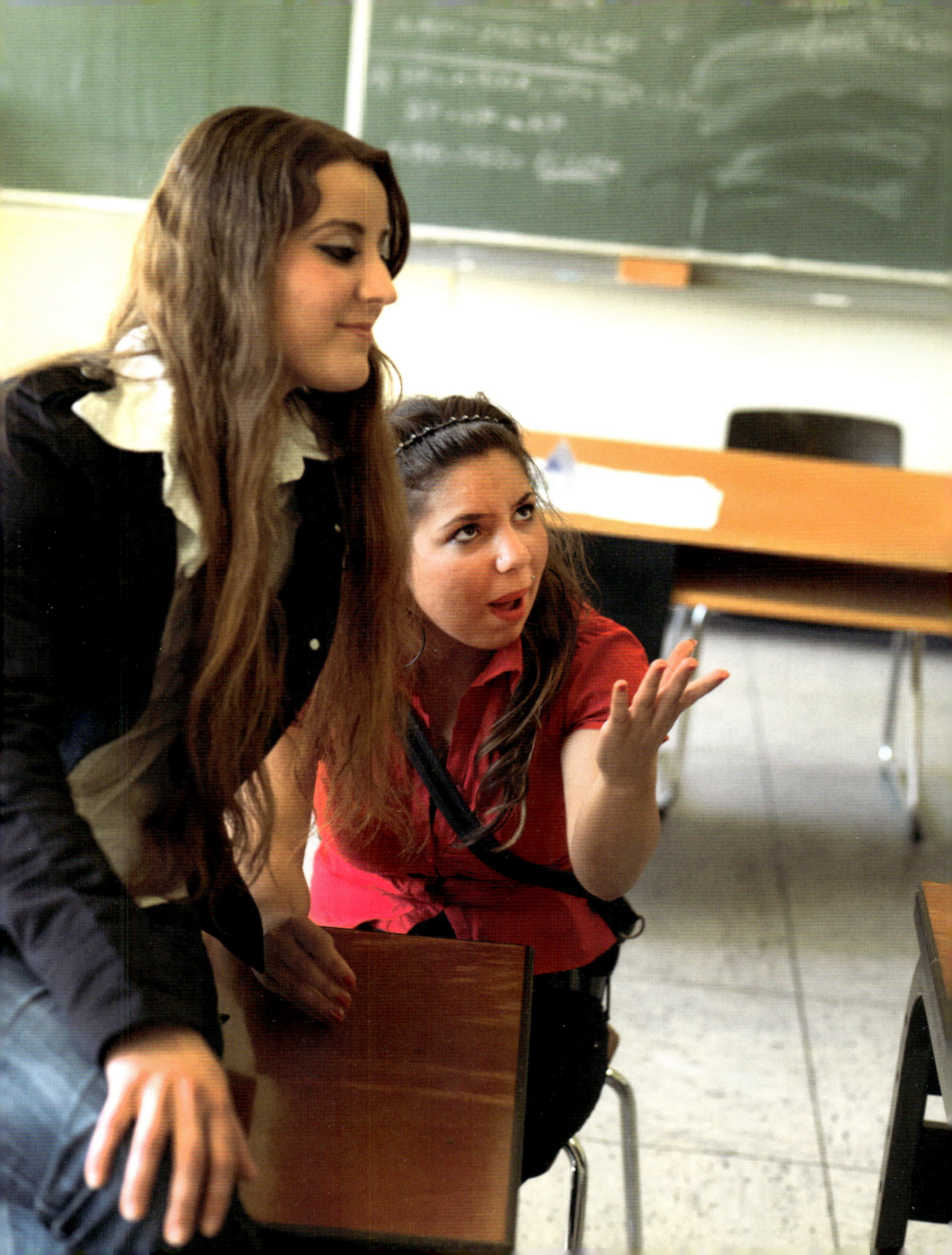

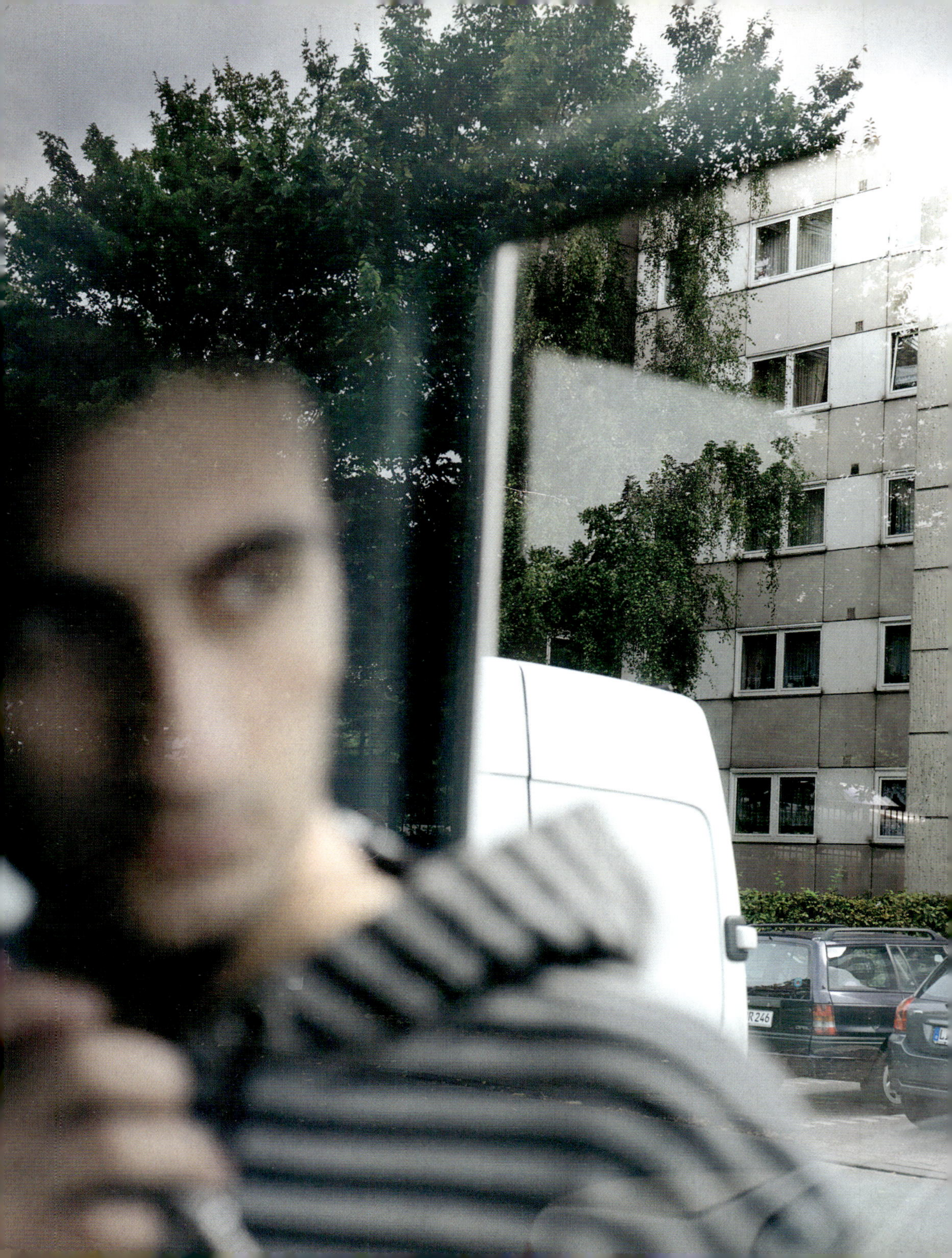

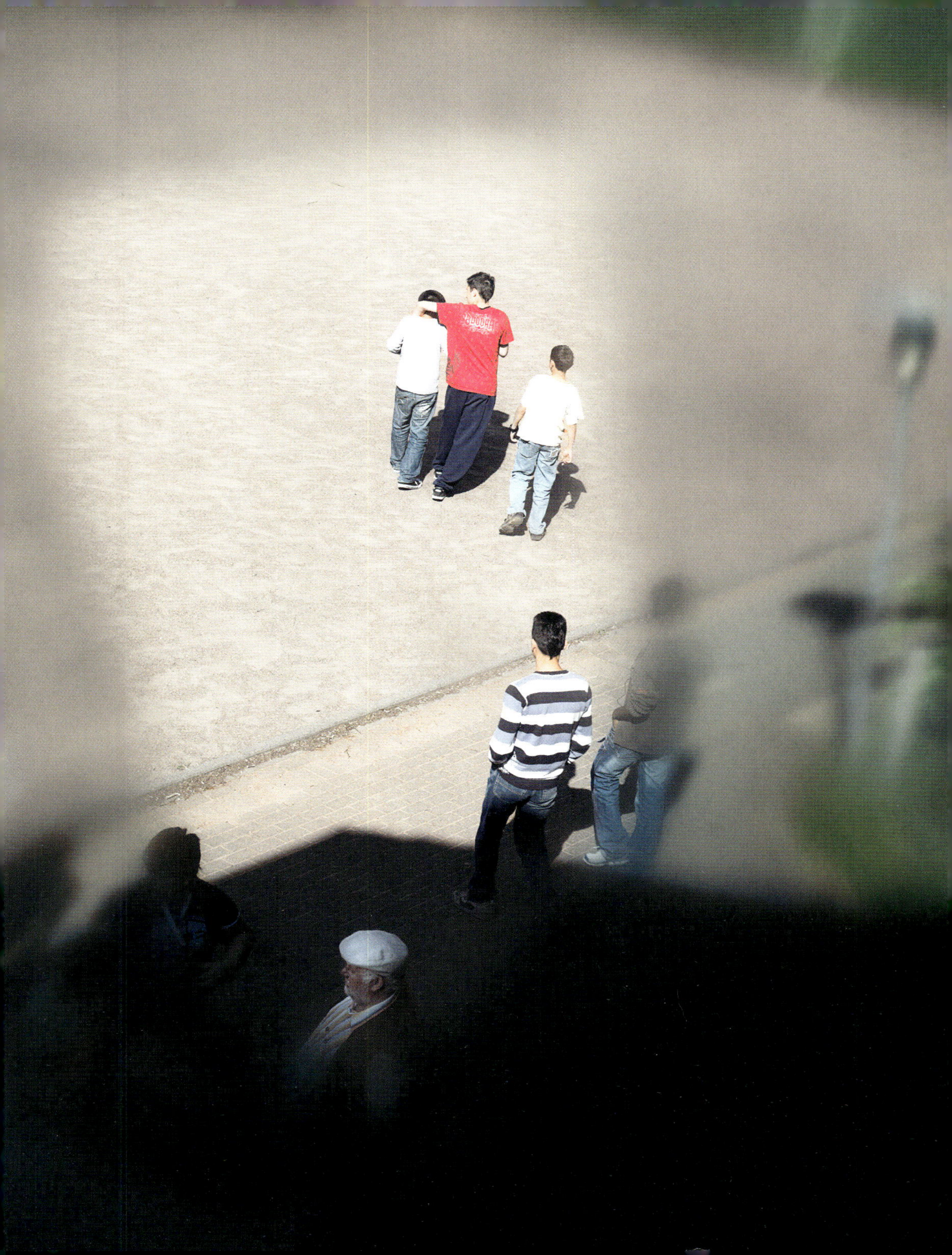

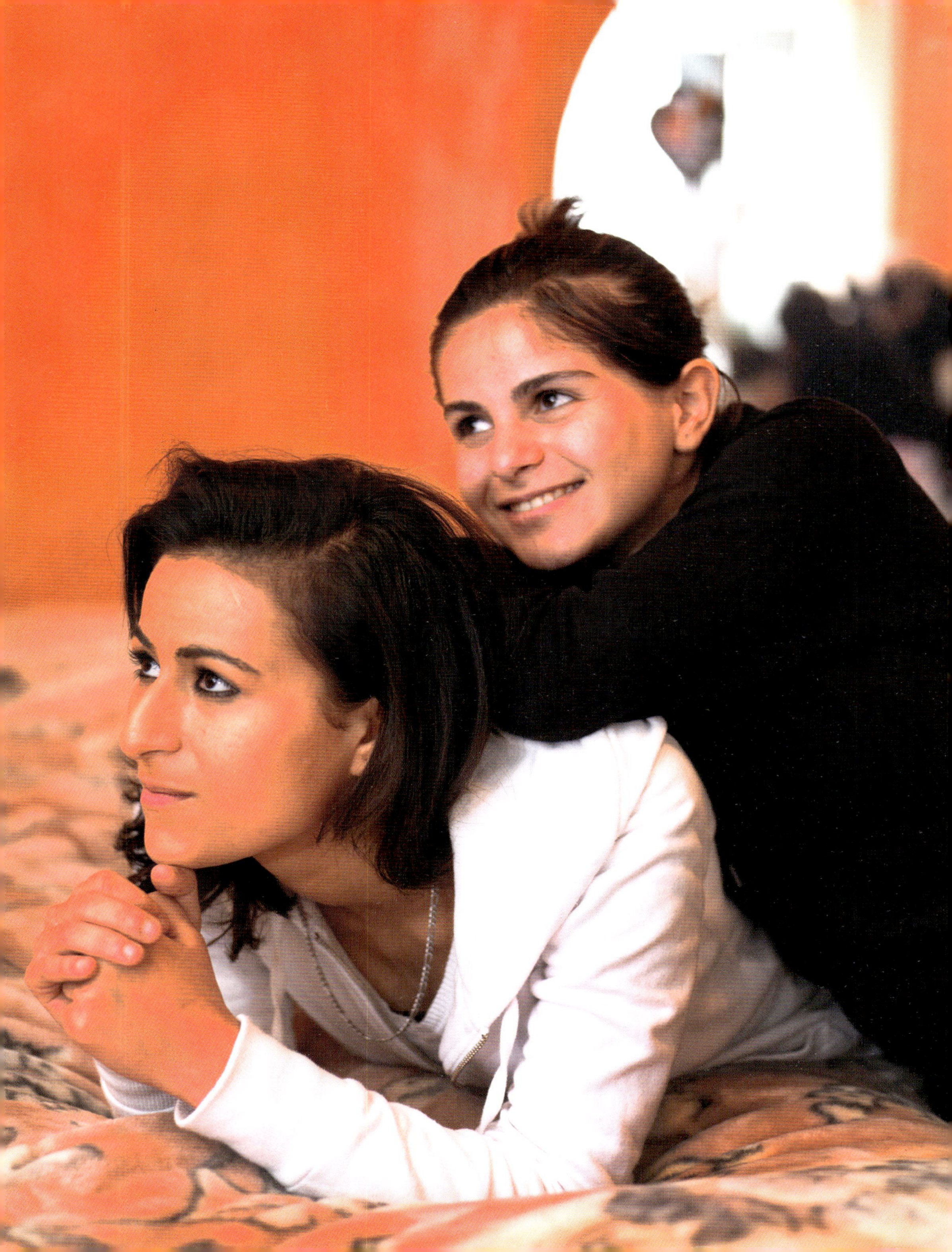

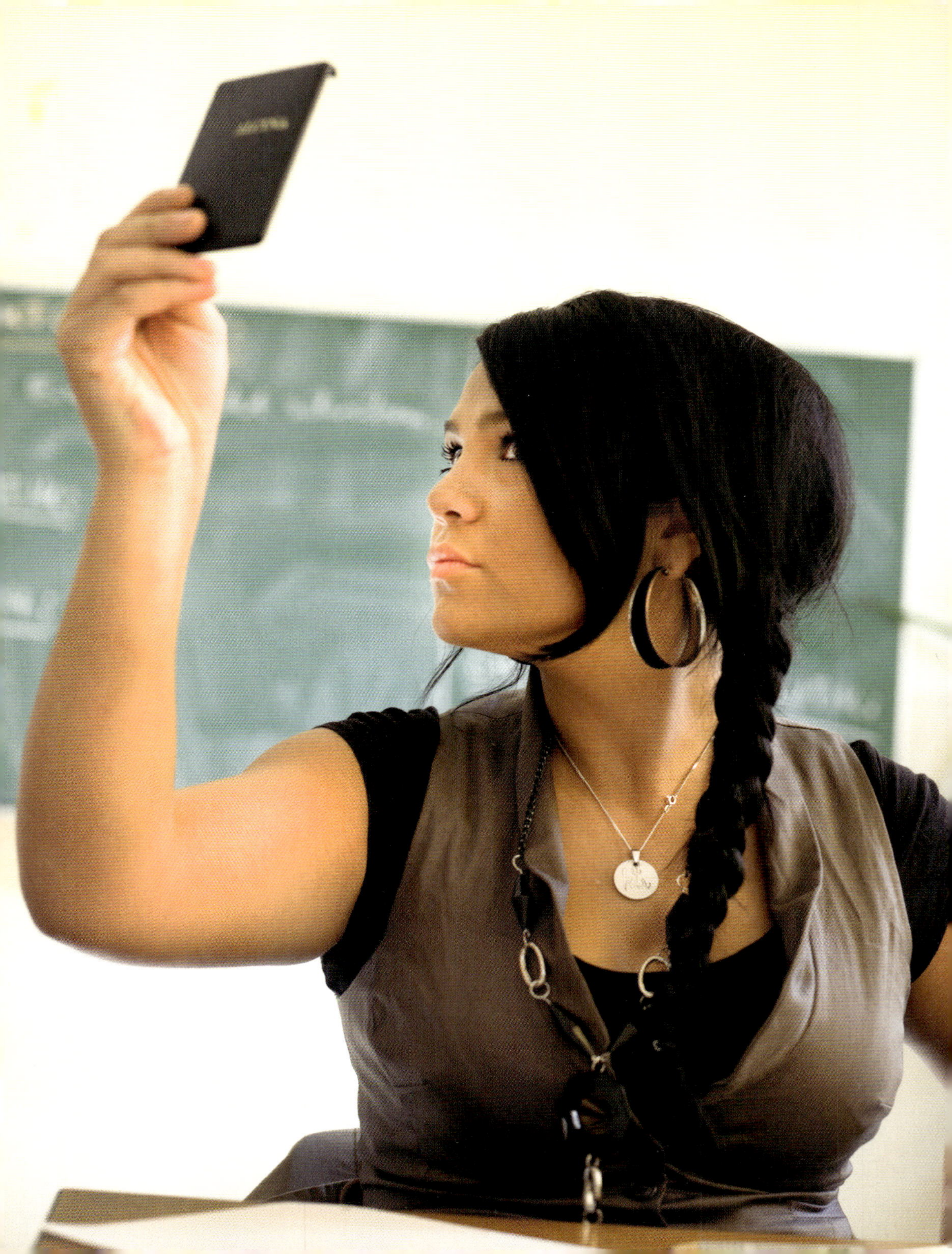

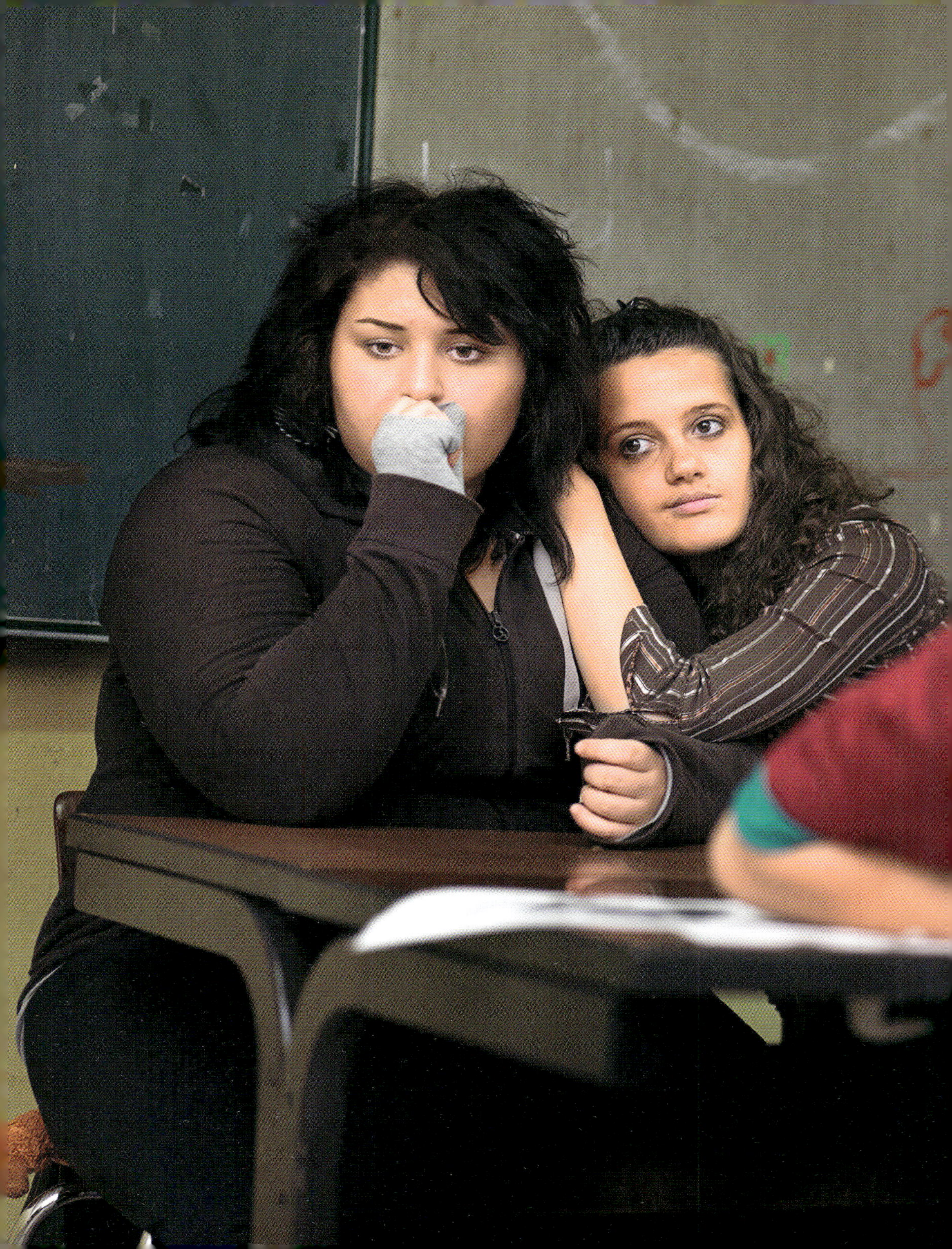

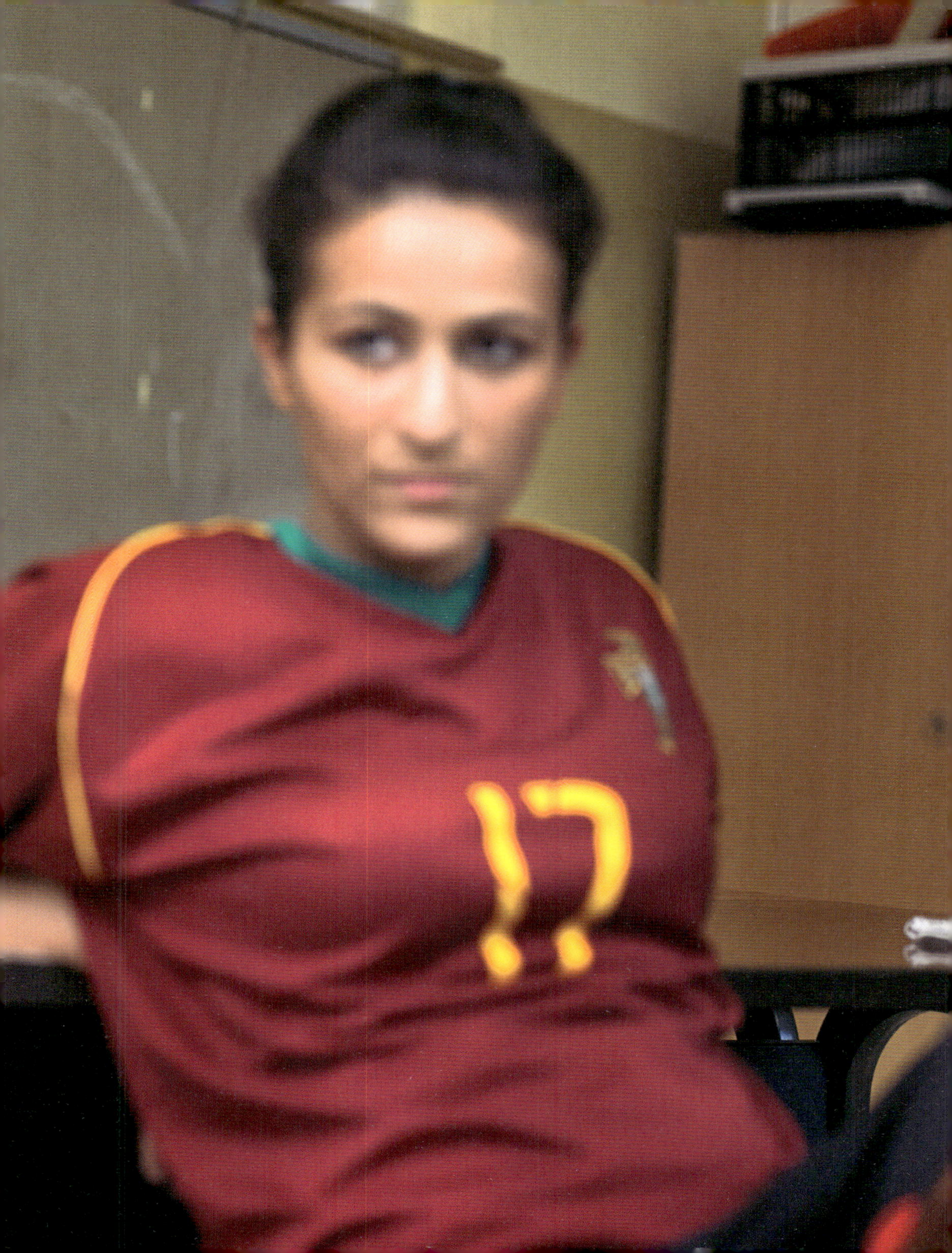

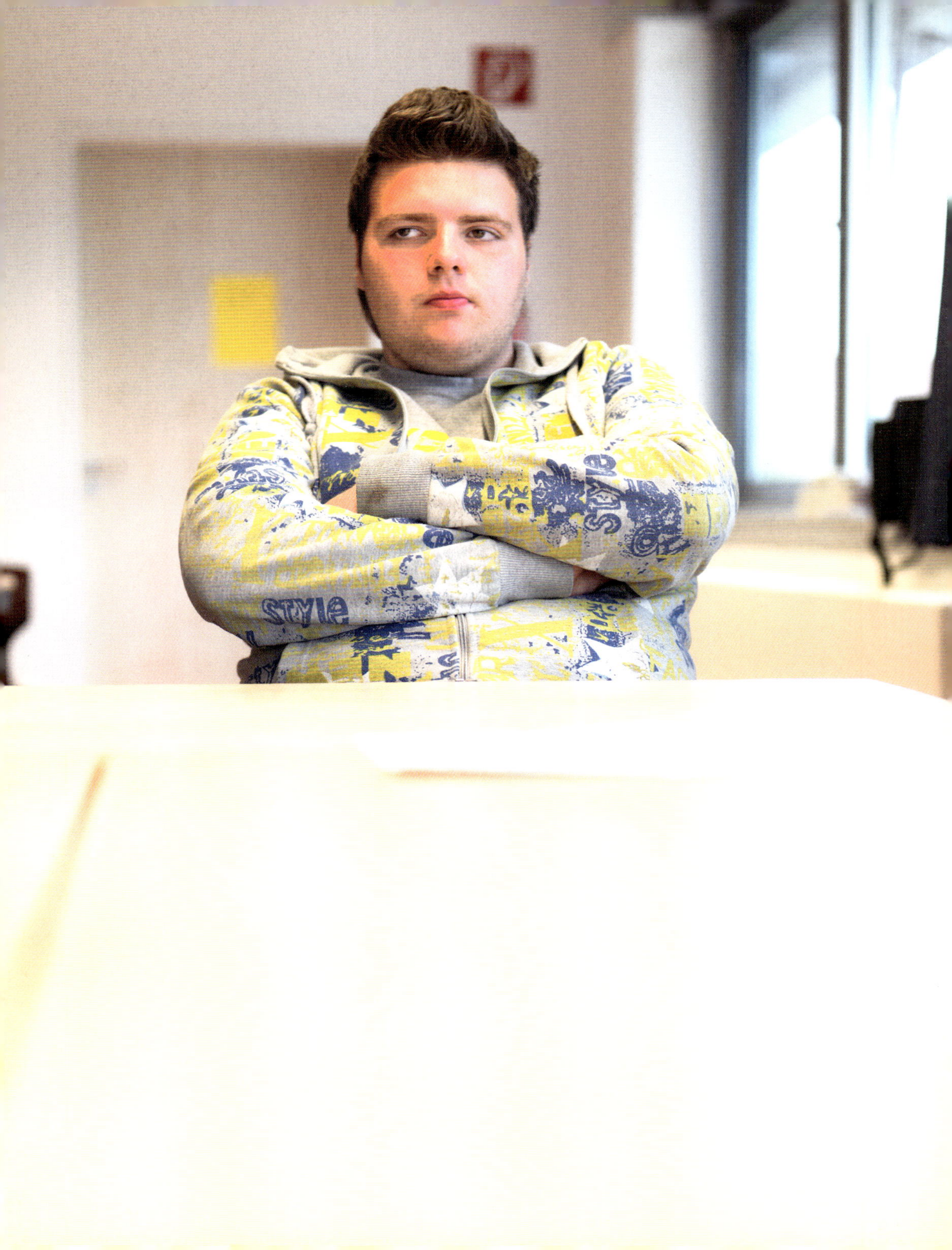
Style

Hier die Kuppel aufkleben

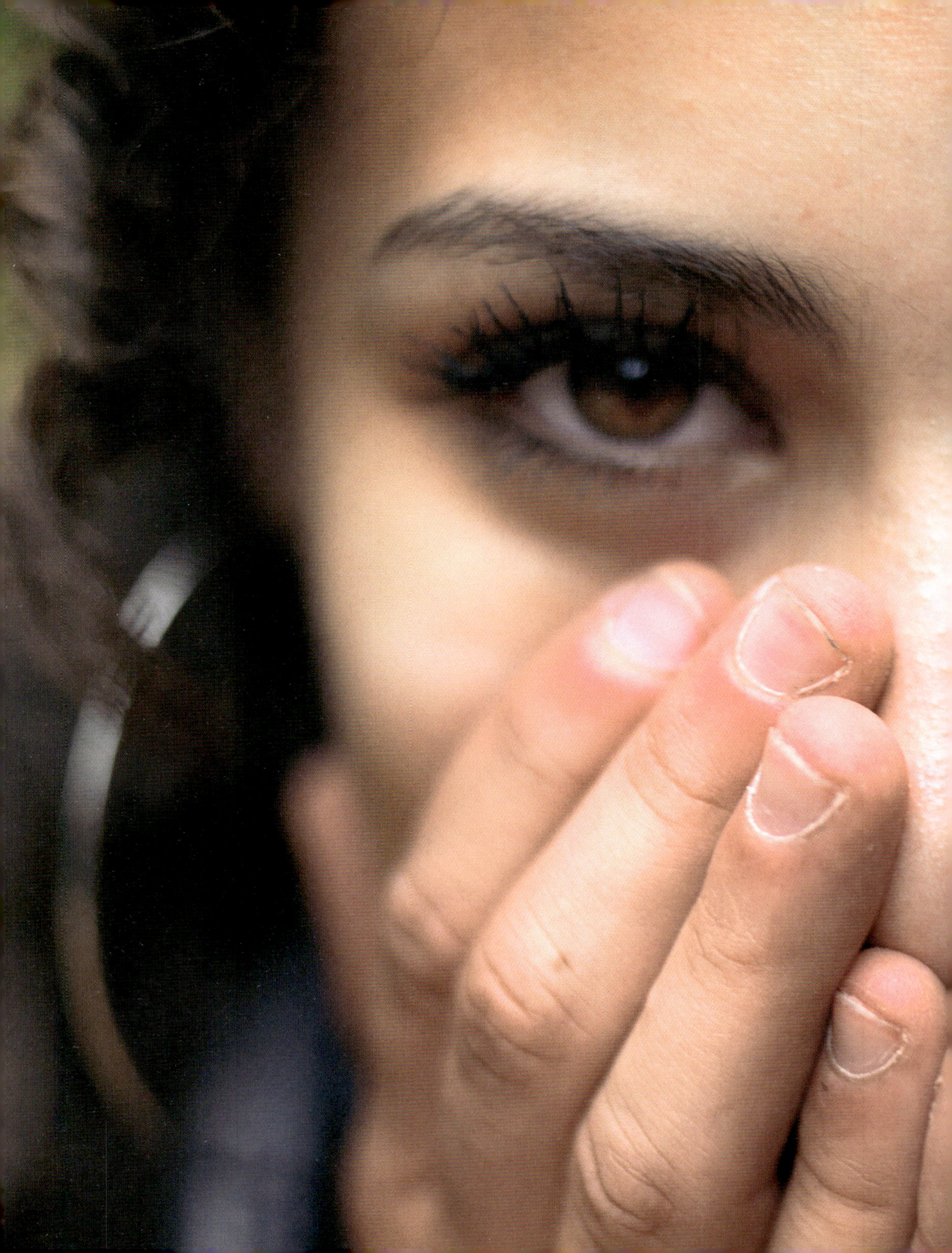

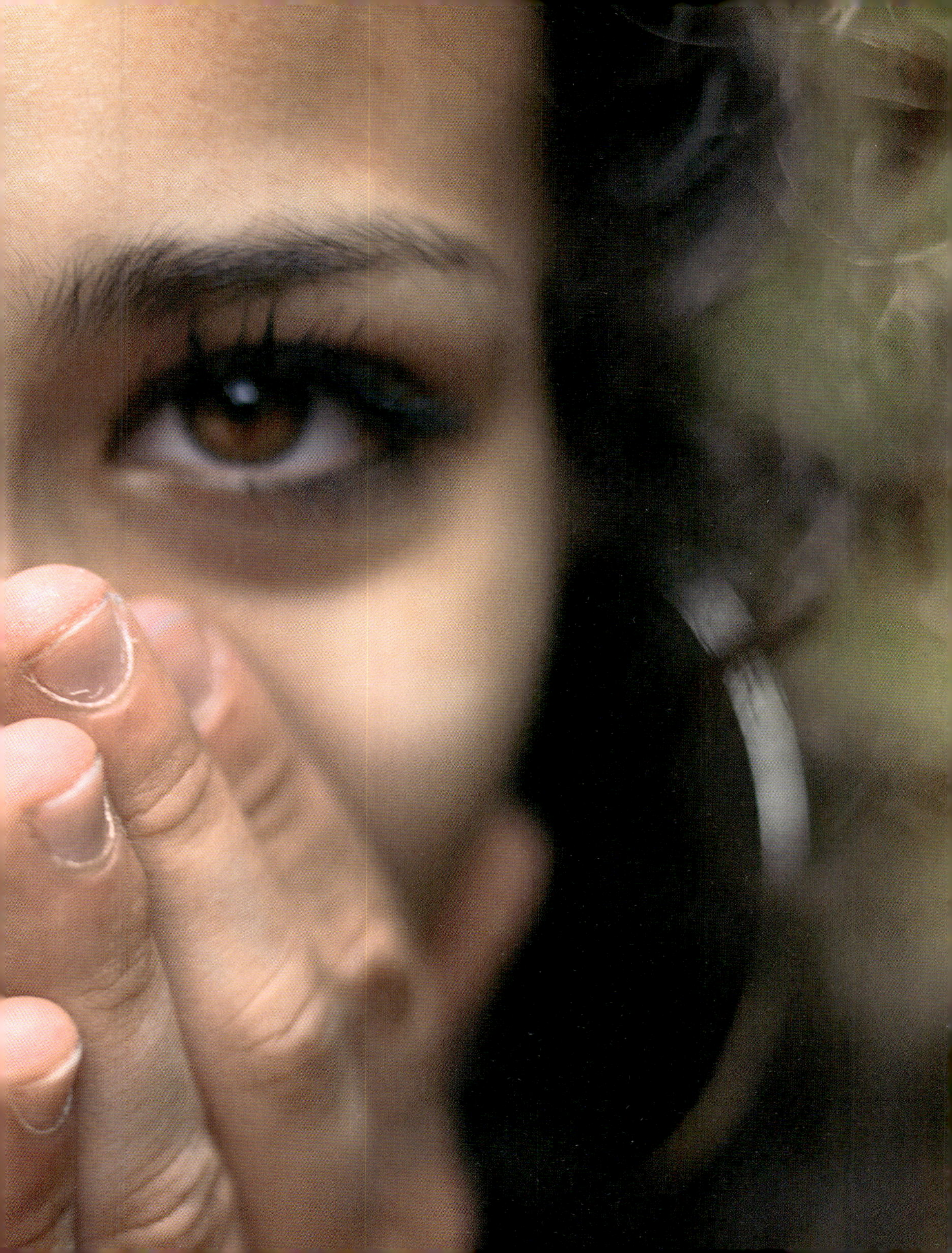

$NaNO_3 + AgCl$

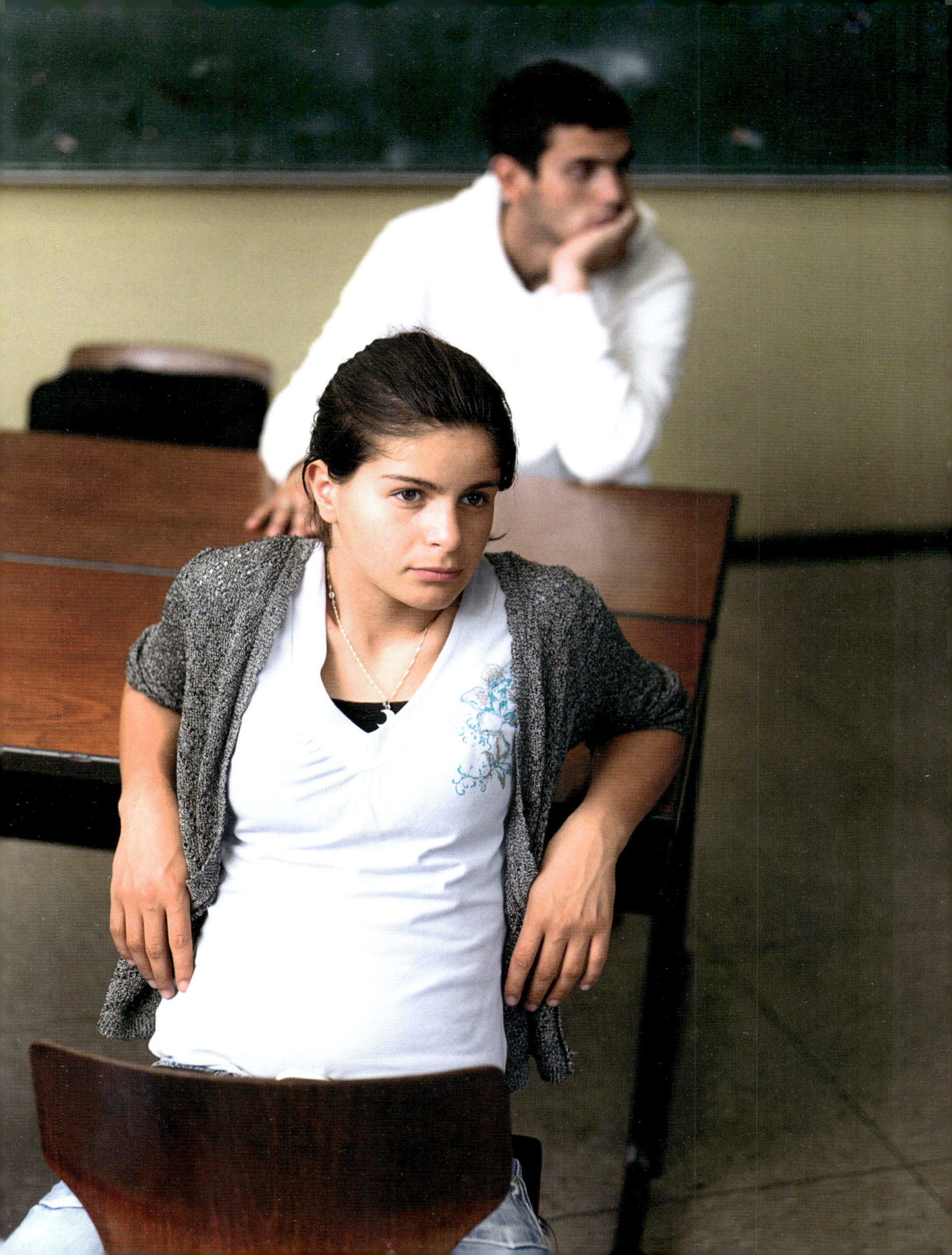

DANK

Unser besonderer Dank gilt allen Jugendlichen, die sich an diesem Projekt beteiligt haben. Ali, Arzu, Ashad, Asmer, Aylin, Aytan, Beriwan, Betül, Bilal, Cagil, Elif, Elisa, Erdal, Esra, Duygu, Fatima, Fatos, Fayas, Faysal, Firas, Hacer, Hava, Ibu, Isbida, Ishak, Mazlum, Melisa, Nofa, Noor Songül, Nurcihan, Sahra, Sarrmad, Serhat, Sema, Sezai, Tunc haben uns Einblick in ihr Leben gewährt. Ohne die Unterstützung durch viele engagierte Menschen und Organisationen wäre dieses Projekt nie zustande gekommen. Wir danken Achim Borchers, Sascha Connell, Caner Basoğlu, Dirk Weyer, Samirah Tariq, Jana Niemann, Doro Köster, Axel Grünewald, Jana Duda, Emir Ali Sağ, Hüseyin Ördek, Erkan Kusdogan, Ali Özcan, Christof Kerber, Klaus Peter Plehn, Muslim Gemeinde Merkez Camii. Alevitisches Kulturzentrum Bielefeld, Sultan Ahmed Moschee Hamurg, Gabi Sonnenberg, Karl-Heinz Vosshans, Marktschule Brackwede, Gymnasium am Waldhof, Martin Niemöller Gesamtschule Bielefeld, Jugendhaus Elpke (SKF. e.V. Bielefeld), Jugendzentrum Stricker

Hella Bubenzer, Veit Mette
Bielefeld 2009

IMPRESSUM

Herausgeber Hella Bubenzer,
Stadt Bielefeld – Amt für Integration und
interkulturelle Angelegenheiten – RAA –

Fotografien Veit Mette
Gestaltung Veit Mette, Caner Basoğlu

Text Hella Bubenzer, Bielefeld
Güner Balci, Berlin

Übersetzungen Mustafa Haroğlu
Postproduction Dirk Weyer, Hamburg

DVD Produktion
Konzept Veit Mette, Achim Borchers
Interviews Veit Mette, Achim Borchers
Soundtrack Achim Borchers
Schnitt/technische Realisation Sascha Connell
Musikbeiträge:
Missy Elliott – Get Ur Freak On (Elektra/Warner)
Harem II – Anatolian Delux
  (Mega/turkish-music.com)
Portishead – We Carry On (Island/Universal)
Air – Run (Lables/EMI)
Zino – Bruder du schaffst das
        Generation ÜÇ
          (Produzent, Ritvan Ciftci, Caner Basoğlu)

Gesamtherstellung
Kerber Verlag, Bielefeld
Windelsbleicher Straße 166–170,
D-33659 Bielefeld
Tel: +49-(0)521-950 08 10,
Fax: +49-(0)521-950 08 88
info@kerberverlag.com,
www.kerberverlag.com

Die Deutsche Nationalbibliothek
verzeichnet diese Publikation
in der Deutschen Nationalbibliografie;
detaillierte bibliografische Daten
sind im Internet über
http://dnb.ddb.de abrufbar.

© 2009 Kerber Verlag, Bielefeld/Leipzig
der Fotograf und die Autoren,
für die Abbildungen VG Bild-Kunst, Bonn

ISBN 978-3-86678-230-3

Gefördert durch

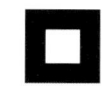

Bielefeld
AMT FÜR INTEGRATION
UND INTERKULTURELLE
ANGELEGENHEITEN – RAA –

RAA Regionale Arbeitsstellen
zur Förderung von Kindern
und Jugendlichen

BILD-KUNST